Book cover by:

Clarissa M. Seite

Herrsching am Ammersee
04.09.2017 / 23 / 5

„All-Zwei-Sein eines Erdenengels"

Neuntes Buch

Teil 2. der Triologie

Herbst 2017

"All-In-Two of an Earthangel"

Clarissa M. Seite

Engelsbotschaft für Dich

Erzengel Gabriel war einst der
Engel, der zu Maria & Josef kam,
um die Geburt Jesu zu verkünden
und auch Mohamed wurde einst
von Erzengel Gabriel auf seine
Lebensaufgabe durch Ihn
vorbereitet!

Erzengel Gabriel, der die
Energien in den Fluss bringt und
mit dem Element Wasser in
Verbindung steht, möchte euch
immer wieder in der liebevollen
Kommunikation unterstützen und
auch eure Psyche reinigen, damit
ein liebevoller Fluss im
miteinander entstehen kann.

Korinther 13 🩶

Auf Pfingsten bezogen,
entstanden damals in Jerusalem
ein Kommunikationsfluss, der
viele verschiedene Sprachen Eins
werden ließ und Alle plötzlich
den Geist Jesus durch den
göttlichen Willen verstanden!

Ein liebevoller Fluss im mit-einander entstand unter dem Volke Jerusalem.

Somit kommen wir zum heutigen Pfingstmontag und die Erzengel Zadkiel & Chamuel rufen zu einem liebevollen und achtsamen WORT im Austausch von Wünschen & Gefühlen auf.

Zadkiel möchte dir helfen dein Herz und Seele zu reinigen; begebe dich in deiner Meditation in einem bildlichen violetten Lichtstrahl und reinige dich so oft du es wünscht. Bitte einfach um seine Unterstützung und er ist für dich da.

Amethyst als Stein sehr hilfreich; aufs dritte Auge auflegen!

Chamuel möchte dir helfen dein Herz und Seele zu öffnen; er umhüllt dich in dem rosaroten

Strahl der Liebe und macht dich
weit und lässt deine Liebe
wunderbar ausdehnen. Bitte
einfach um seine Unterstützung
und er ist für dich da.

Rosenquarz als Stein sehr
hilfreich; aufs Herzchakra
auflegen!

Atemübungen:

Ich atme Liebe ein und Altes in
Frieden aus; Heilung geschieht
nun auf Allen Ebenen 💜

Jesus ist Allzeit mit euch und
begleitet euch auf euren Weg der
Herzöffnung und der
Barmherzigkeit in Euch.

„*Ich bin Frei*"

Abendbotschaft!

Spontaner Impuls jetzt!

"Umarmung"

sagt oftmals mehr als tausend Worte und bringt die Gefühle auf den Punkt!

Energieaustausch von Herz zu Herz♥

Schwingung der Liebe und Offenbarung bringen dich und dein Gegenüber in einen Zustand von Geborgenheit und Zugehörigkeit 🩶

Ein Herz sein wie Yang & Yang EINS SEIN

"Balance"

Herzfrequenz pur ♥

Ich umarme dich in Liebe zu Dir
und zu mir - JETZT

"Seelenaustausch"

"Geborgen-Heit"

"Ruhe"

"Frieden"

"Glück-Licht-Sein"

Schönen Abend und auf eine
warme und liebende Umarmung♥

In LIEBE ...
Seelenverbundenheit!

Und Jetzt!

Ich freu mich auf Dich; öffne dich und zeige mir auch dein Herz ♥

Ich kann & werde auf Dich warten!

Ich bin soooo Dankbar für die Begegnung mit Dir und vermisse Dich unendlich sehr♥

Guten Morgen Botschaft der Engel

Klare Ent-Scheidungen treffen!!

Ist ja so eine Sache, denen
oftmals mit einer guten Portion

Mut - Wille & Tatkraft

voraus gehen.

Sich in die Klarheit bekommen,
ist so eine Sache ...

Hin - und Her überlegt der
Verstand und versucht verzweifelt
eine klare Antwort mit sich und
seinen Gedanken zu bekommen.

Was mach ich nur, um Dich nicht
zu verletzen oder mich nicht in
eine Situation zu bringen, die für
Alle Beteiligten unangenehm
werden könnte.

Nun ja, ganz ehrlich ... keine Ent-Scheidung ist ja auch eine indirekte Ent-Scheidung!!

Du Entscheidest nichts zu entscheiden und jeder der Beteiligten bleibt hier unweigerlich in einem Dunst - Nebel von Avalon stecken!!

Nicht nur du selbst, sondern auch die Involvierten gewollten oder ungewollten Personen - Situationen, aufgrund der Tatsache eben nichts zu tun.

Ich bleibe sozusagend im Alten Stecken und suhle mich im Gewohnten.

Verstand und Herz in die Balance bringen ♥

Oftmals eine der
Herausforderungen in seinem
Leben!!

"Nichts ist wie es scheint"

Eine klare Entscheidung erfordert
Disziplin und die Konsequenz
unterm Strich seines Da-Seins.

*Bleibe ich oder gehe ich neue
Wege
Rechts oder Links
Schwarz oder Weiß
Fisch oder Fleisch*

aber bitte doch mit einer guten
Portion HUMOR

Was wären wir *ohne* unsere
Resilienz

(Quelle in Uns an
Widerstandsfähigkeit –
Konfliktlösung zum Positiven...)

"HUMOR"
"Freude"
"Spaß"

wie Roberto Blanco oft gesungen hat ...

"ein bisschen Spaß muss sein"

oder Udo Jürgens ...

"aber bitte mit Sahne"

Ihr lieben Wesen...natürlich trägt jede eurer Ent-Scheidungen eine Konsequenz mit sich und wenn ihr eben auch nichts entscheidet hat es genauso tragreichende Folgen wie anders herum!

Nicht in die Verzweiflung gehen sondern ruhig Zeit für dich und dein kostbares Leben übernehmen.

Du entscheidest mit jeder Faser deines Atemzuges!

"Auf der Bühne deines Lebensstücks"

Hip Hip Hurra –

Hip Hip Hurra!

Zusätzliche EngelsBotschaft
gerade jetzt!

Ganz Genau!

"Wenn die Seele liebt, gibt es
kein zurück mehr"

Bewusst-Werdung auf höchster
Ebene!

Werde Dir und deinem Selbst
KLAR♥

Nimm Dich wahr & ernst!

Verleihe dir deine
Gewichtigkeit im Leben ...

Gebühre dir deinen rechten
Platz in deinem Leben ...

Feiere DICH voll & ganz

Auf was wartest DU noch ...

Gebe dir die wunderbare Fülle voller Wünsche - Träume - Hoffnungen zurück!

Lebe & Liebe DICH mit aller Konsequenz in deinem Tun und deinen Entscheidungen.

Dann kannst du getrost am Ende deines jetzigen Da-Seins sagen:

"Ich habe mein Leben voll & ganz mit vollen und ganzen Atemzügen

gelebt & genossen"

Du bist Spitze!!

Love & Light & Joy

Deine dich liebende Claire

Auszug aus dem 9. Buch

Bildaufnahme

Herrsching am Ammersee

Clarissa M. Seite

Ent-Faltung!

Eine herrliche Aufnahme vom Mohn ...

Du darfst dich jederzeit in deiner Kraft ent-falten ...

Auch wenn es einen anderen dadurch schwindelig werden könnte.

Deine Power will gelebt werden♥

Nimm dir ein Beispiel an dieser Mohnblüte ...

Kraftvoll - Widerspenstig - Trotzend und richtig dosiert sehr heilend ♥

TREU SEIN

Treu sein.

Ich entscheide mich heute für Treue.

Treue zu mir selbst, in meinen
Gedanken...indem ich nicht immer
wieder abschweife...sondern bei mir
bleibe.

Treue mit meinen Worten...indem ich
liebevoll mit mir und meinem inneren
Kind spreche.... seine Bedürfnisse und
Gefühle wahrnehme und Treue in
meinem Handeln...indem ich mich
nicht, mit dem was ich tue, für andere
aufgebe...sondern aus Liebe und
Fürsorge für mich selbst und mein
Leben handle.

Ich bin und bleibe mir treu. ...und
anbei die ersten Konturen eines neuen
Bildes... möchte ich dir auch schenken.

Text & Bild Gertraud Fischer

Bild Gertraud Fischer Münchberg

www.kreative-therapie-hof.de

Guten Morgen Botschaft der geistigen Welt!

Reinige dich!

Bring Dich wieder in deine Balance durch Reinigung und Pflege♥

Jetzt im Juni ist die Zeit gekommen sich zu reinigen von all dem Alten und verbrauchten.

Gehe in deine Freiheit und komme bei Dir und in Dir nun an!!

"WASSER"

Besinne dich auf Dich und deinen Ursprung.

Besinne dich auf Dich und deinen Ursprung.

Löse dich von deinen Beschränkungen

Löse dich von deinen Blockaden

Löse dich und befreie dich

Du bist immer Frei!

"FLUSS"

Wer und Was bist du eigentlich ...

Weißt Du es noch ....

"Licht & Liebe"

Auf jeden Fall keine Marionette!

Kein Anhängsel
Kein Gegenstand
Keine Trophäe
Kein Besitz

Du bist Du und Du bist es dir
WERT, was auch immer deine
innersten Wünsche sind.

"SCHWIMME"

Reinige Dich und besinne Dich
auf Dich!

"BESTIMMUNG"

Der Luchs rät dir nun, deiner
Bestimmung zu folgen ....
Was auch immer in dir an
Wünschen nun hochsteigt ....

Folge Ihnen♥

Lass Dich fließen und durch Dein Lebe be-gleiten!

Löse Dich von Altem - Ungesunden - schlechte Gewohnheiten wie

Essen - Sucht - Materiellem

"SEIN"

Sich selbst im DA-SEIN spüren, was wirklich wichtig ist 🖤

Der Jaguar als Krafttier kündigt nun deinen Dimensionssprung an:

Sternenstunde passend zum Vollmond 🖤
Plötzlich weißt du, um die Zusammenhänge und gewinnst einschlägig die Erkenntnis von Dir und deinem neuen WEG!!

"LIEBE & LICHT"

Nichts geschieht zufällig - einfach
so

"Schicksal"

Schicksalhafte Begegnung mit
deinem Seelenpartner!!!

Immer und immer wieder werdet
ihr euch begegnen, bis offene
Worte gesprochen werden ♥

"HERZ ♥ HERZ"

Empfange nun deine Wahrheit
und lass es einfach geschehen in
deinem Fluss deines Lebens ♥

Es ist so gewollt.

WUNDER -
WIRKLICHKEIT -
VISION –

LIEBE LEBEN ♥

Love & Light
Deine Claire

Auszug aus dem 2. Teil der
Triologie / Herbst 2017

"All-Zwei-Sein eines
Erdenengels"

Blick Dich!

Durch die Augen des göttlichen
universellen blick-en & erkennen

Erkenne Dich selbst zuerst und dann
blicke in die Welt ...

"Was kannst DU nun erkennen - blickst
Du nun, was für dich Sache ist"

DICH ♥

Lebe deine Weisheit!

Abendbotschaft und eine gute Nacht der Träume

Portal noch ganz weit offen!

Wir werden uns in den Träumen begegnen heute ...

Jeder hat sein eigenes
"EnergieFlussTempo" ...

Sei dir bewusst & gewiss, dass du am Ende mit deinem SeelenGegenüber gegenüber stehen wirst 🖤

Herz findet Herz

IMMER!

Alles eine Frage der Zeit und dem jeweiligen Tempo des jeweiligen

Feinen Abend - Love & Love

Grad rein bekommen Botschaft ♥

Du weißt, das Du ein hochfrequentiertes lichtvolles & liebevolles Wesen bist!

Sende in guten Absichten & Gedanken und mit deinem gefühlvollen Wesen "Liebe" aus ...

An den Menschen, den Du liebst!
Menschen, die du so sehr vermisst und nicht in Reichweite sind.
An die Natur; göttlich geschaffen.

Es gibt so viele Möglichkeiten der Kommunikation♥

Von Herz zu Herz Seelenkommunikation

Telepathische Kommunikation

Ein liebevoller Funke dieser machtvollen Energie reicht und schon kannst du auf

"SENDEN & EMPFANGEN"

gehen!!

Grad an Dich gedacht; oft kommt prompt eine SMS oder Nachricht von dem geliebten Wesen zurück.

Wir sind so empfindsame Wesen und können unsere Antennen jederzeit wieder aktivieren.

Naturvölker tun das täglich, um sich schnell & einfach in Verbindung zu setzen.

Die brauchen kein Handy,
sondern nutzen ihr un -
erschöpfliches Potential der
Kommunikation von

"Herz zu Herz"

als Quelle aller unbegrenzten
Möglichkeiten!

Einen wundervollen sendereichen
Tag an

Liebe & Licht

Deine Claire

Guten Morgen –

Ihr lieben Seelen –

Botschaft!

Wahre dich und dein inneres Kind!

Pflege Dich mit all deinen Seelenanteilen, die über die Jahre verloren gegangen sind ...

Trau Dich und hab Vertrauen - Rede - führe ersehnte Gespräch im Dialog mit Dir und deinem Gegenüber, dann können sich die Dinge klären ...

Liebe entsteht - Heilung geschieht

Kindheit!

Schön - nicht so schön ...
wundervoll oder belastend durch
Ereignisse, die einen sehr geprägt
haben und immer noch verfolgen
- quälen und nicht loslassen.

Trauma!

Ein sehr tiefes Thema, ganz
gewiss

Pflege dich und dein Kind mit all
dem was du zu bieten hast und
hole dir ggf. auch Unterstützung!

Sei dir gewiss, dass du ein Kind
Gottes bist und du aus deinem
jetzt vorhandenen Potential
schöpfen kannst.

Deine Eltern haben durch Ihre
Liebe dich erschaffen und nun
hast Du all die Gelegenheiten
dein Leben zu einem
wundervollen Ort zu gestalten.

Hole dir deinen Seelenanteile zurück!!

Wie?

Pflege dich und arbeite an dir und deinen Wünschen - Verletzungen und an deiner Selbst 🩶

Hüte den Schatz in dir und wahre - bewahre Ihn durch deine Liebe zu Dir selbst.

Sei Achtsam mit dir ...

Spiele
Tanze
Singe

Genieße die Natur oder lese ein gutes Buch, was dich weiterbringt wie:

Herzensweisheiten eines
Erdenengels
Seelenweisheiten / Seelenbalsam
eines EE

oder oder oder ...

Es gibt so vieles was Du für Dich
tun kannst, auch mit einer guten
Unterstützung von Ausen!

Vereine und Selbsthilfegruppen
sind immer in deiner Nähe.

Freunde und gute Menschen um
dich herum, werden dir auch
gewiss weiterhelfen, so wie du
einen Menschen dein offenes Ohr
leihen kannst.

Deine Eltern haben ihr
bestmöglichstes an Potential dir
gegeben oder dir zumindest einen
Teil Ihrer Anlagen mitgegeben ...

Da ist immer was Gutes dabei
enthalten, da wir immer in einem
Ying & Yang - Verhältnis
existiert.

Auch die Natur regelt im Sinne
von Balance.

Bringe dich in deine Balance und
hole deine verloren geglaubten
Seelenanteile zurück.

Es wird dir gelingen♥

Geduld - Mut und Glauben
werden dein Begleiter sein 🩶

Sei ganz lieb umarmt und schenke
dir die Geborgenheit, die du ab
und an benötigst, um dein inneres
Kind zu heilen.

Sei lieb zu Dir und zu deinen
Seelenanteilen♥

Liebe ist AllZeit bei dir und wird durch das öffnen deines Herzens möglich!

BIG HUG

Deine Seelenschwester Claire

Abendbotschaft der Seele!

Den Seelenblick wagen und in die Ebenbürtigkeit in Resonanz gehen ist ein gewagter Schritt; lohnt sich aber ...

Wage den Seelenblick mit deinem Gegenüber und du wirst tief und wahrlich für's Leben belohnt.

Nähe macht es möglich und lässt die Masken automatisch fallen!

Gefühl wird stark von unten nach oben und innen nach außen emporsteigen, sodass die Liebe spürbar und fühlbar - greifbar in sich und im anderen wird ♥

Jetzt hat Amors Pfeil getroffen!

Herzlichen Glückwunsch ♥

"Seelenbegegnung hat stattgefunden und wenn die Seele liebt, gibt es kein zurück mehr"

Folge nun deinem Herzen & Seelenruf voll & ganz.

Lebe Dich und dein wahres Selbst

Du darfst jederzeit deinen Gefühlen Ausdruck verleihen und diese im Schutze deiner geliebten Seelenpartner - Seelenpartnerin zeigen.

Dort genießt du die Geborgenheit, die du schon als Kind ersehnest!!

Liebe ist bedingungslos

Du bist es Wert und gut so wie du bist!

"Ich liebe mICH & Ich liebe dICH"

Schönen Abend und Alles Liebe & Licht

Deine dich liebende Claire

Bild – Frank Rolf Josef Pöhlmann

♥**Instagram: @whocares0_0**♥

Guten Morgen Botschaft von der geistigen Welt!

„Heilung geschieht – Wunder geschehen"

...

Immer wenn der Frosch sich dir als Krafttier zeigt und in dein Leben schwimmt - hüpft oder einfach nur so wie auf diesem Bild ent-spannt daliegt, will er dir folgendes mit-teilen!

In die Freiheit entlassen

Was möchtest du nun in Freiheit lassen!!

Altes - Verbrauchtes - Unnützes - Belangloses - längst Vergangenes ...

Denk doch mal darüber nach, an was - wen du dich noch bindest ...

DENK bitte nach ... "Jetzt" ... auf gehts ....

Eins ist hierbei klar, solange du daran fest hälst kann nichts NEUES kommen und es verhindert deine Regeneration - Heil werden ... es blockiert weiterhin!

In die Freiheit entlassen

Schaffe Platz und reinige Dich, damit du genau so ent-spannt auf den neuen Weg oder einfach in den Himmel voller Möglichkeiten blicken kannst!!

Lila Wolken sehen kannst ... über den Horizont hinaus Neues erblicken kannst ...

Über den Tellerrand blicken

Schöpfe nun aus der Erkenntnis
& dem Ent-wickeln deiner Selbst.

Gehe in deine Freiheit und
genieße deine neuen
Gestaltungsmöglichkeiten!

Schritt eins ...

Ich entscheide mich voller
Vertrauen und Akzeptanz meiner
Wünsche & Vision

Schritt zwei ...

Ich kreiere meine neuen Wege
voller Freude & Mut aufs NEUE

Schritt drei ...

Im Wissen, dass Alles gut ist wie
es ist und im Vertrauen auf den
göttlichen Weg ... gehe ich einen

Schritt nach dem anderen dem
Licht entgegen ♥

"Ich bin Frei"

"Ich bin Heil"

"Ich bin Liebe"

Die göttliche Kraft ist AllZeit mit
mir & und in mir♥

Love & Light & Joy

Claire

Auszug aus dem 9. Buch;
Teil 2 der Triologie

"All-Zwei-Sein eines
Erdenengels"

Neu-Anfang als Mittagsbotschaft!

Lebe dich und deinen Neu-Anfang ...

Neu anfangen ... nicht stehen bleiben - Bewegung einläuten!

Sich auf einen neuen Lebenspfad - neue Ent-wicklung begeben können .

Du hast die freie Wahl!

Lebe deine Vision - Wunsch - NeuAnfangen ♥

"Dein Leben - Deine LebensZeit"

Nur DU kannst dich durch deine

"Ent-Scheidung - treffen"

glücklich machen ...

Lebe den Wunsch in Vision und
Aktion

TAT-KRAFT leben

Lebe dein GLÜCK ♥

"NEU-ANFANG"

Sich neu ent-wickelt ...

In sich in Liebe mit sich im Innen
- im Außen nun Eins SEIN!!

Ursache & Wirkung
Anziehungskräfte
Manifestation
Wunsch -
Erfüllung

Dankbarkeit ausdrücken♥

Ich Danke dir für dein Sein ...

Du Beeindruckst mich durch deine Ruhe und zumindest äußere Gelassenheit ...

Du bist so im Fluss und so konzentriert ... das beeindruckt mich ...

Dein liebes Wesen - dein leichtes und auch süffisantes Lächeln lassen mich innerlich und auch im Außen erstrahlen.

Du kannst durch deine Mimik zaubern.

Dann und dadurch fange ich an
meine Gefühlswelten und mein
Potential zu erkennen.

Du bist ein Magier & Meister
für mich, weil Du mich im
Außen spiegelst.

All das, was ich in dir sehe -
erkenne ich nun in und an mir
selbst.

Auch deine Angst - dein zögern
und dein Schweigen lassen mit
im Brunnen der Gefühle
spiegeln und mich in meiner
Tiefe und in meinem Schmerz
widerfinden!

Erkenne dich Selbst!

Du bist so eine Bereicherung
für mich als spirituelles Wesen
... das auch Du so wunderbar in
deiner Seele bist.

Ich danke dir so unendlich für
die Begegnung mit Dir - deinem
zarten Wesen - deiner
Feinfühligkeit - dein Indigo -
deiner Führungskraft und
deiner oft so präzisen -
tiefgründigen Art - deiner
Disziplin - deiner Treue -
Loyalität 💜

*Oh wie schön und
beeindruckend das für mich
ist!*

*DU
DU bist so unglaublich
schön in Dir
Du bist so wundervoll und so
wundervoll weich & zart*

Auch so verletzlich - so still - so
voller Ruhe wie ein
beruhigender See der einfach

fließt - einfach da ist - einfach wirkt ♥

Ich sehe DICH

Ich sehe dich in all deinem Sein - deinem liebevollen Wesen - deiner liebenden Seele mit der ich mich so

"liebevoll verbunden"

fühle!!

DANKE, dass du in meinem Leben hier und jetzt erscheinst - strahlst und all die Schatten und mein unendliches Licht auch durch Dich erstrahlen lässt.

ICH im DU

ICH im ICH

DU im DU

"Ich liebe mICH & Ich liebe
dICH"

Spiegelung im miteinander
EINS sein.

*"Bedingungslose
Liebe"*

*Ich
Du
Wir
Sein
Liebe Leben*

Mit der Welt im Innen und
Außen

Kollektiv

Miteinander verwoben und doch Frei 🖤

Kraftvoll!

Individuum - Licht - Liebe - Seele 🖤

"Ich liebe mICH & Ich liebe dICH"

2. Teil der Triologie -9. Buch

"All-Eins-Sein eines Erdenengels"

Deine Clarissa 🖤

<u>Clarissa M. Seite</u>

Bild – Frank Rolf Josef Pöhlmann

💜**Instagram: @whocares0_0**💜

Guten Morgen Botschaft ...

"Das Krafttier Giraffe ist nun bereit ... "

WAU genial ...

Die Giraffe steht für Verbundenheit im miteinander und der liebevollen Partnerschaft ...

Werde dir deiner Größe bewusst und schaue ruhig über Dich hinaus, in den Glauben, dass du das richtige für Dich erkennen wirst!

Paar - Paarung♥

Ein sanfter Schups in die richtige Richtung

Natürlich kannst du deine gesteckten Ziele erreichen, auch

wenn diese sehr hoch und eventuell im ersten Moment unerreichbar erscheinen, doch sei dir gewiss, dass du deinen, dir richtigen Weg erblicken wirst.

Vereinigung naht 🖤

NUR MUT!

Es lohnt sich immer den Kopf anzuheben und in Richtung Wolken zu blicken ...

Höhere Verstrickungen und Verbindungen der Seelengruppen werden nun deutlich spürbar & sichtbar 🖤

Recke und Strecke dich und bleib einfach dran 🖤

Erkenne Dich in deiner Seele!!!
Seelenfamilien sind bei dir und

unterstützen Dich durch die
Ahnenreihe 🩶

Alles wird sich zum Besten Aller
regeln und das gute Resultat wird
sich dir zeigen, wenn die Zeit
dafür reif ist.

Bleib einfach dran!

**Arbeite an deiner Weit-
Sicht
Dehne Dich aus
Streck Dich
LANG
GUT**

Die Giraffe als Krafttier zeigt dir
auf, wie es dir möglich wird, dein
gewünschtes Ziel zu erreichen 🩶

Über den Nebel - über die
Wolken hinaus wirst du, wenn du
dran bleibst den strahlend blauen

Himmel sehen können und die wärmende Sonne wird dir das wohlige beglückende Gefühl vermitteln, nach dem du deinen Weg gegangen bist.

Dein Gesicht - Sicht - Sichtweise wird erhellt!

Wie die Giraffe, bist du gemütlich, stetig und voller Vertrauen an deinem Weg und an deinem Ziel drangeblieben 🖤

Dein Vertrauen wird belohnt werden.

Einen anmutigen Schritt nach den anderen bist du gegangen; hast dich groß gemacht ... hast dich ausgedehnt in deinem Geist, deiner Seele den nötigen Raum gewährt!!

Du hast an Dich und deinen
Willen geglaubt!

Der Himmel öffnet sich ♥

Deine Seele ist nun glücklich all
die Nahrung für ein
Weiterkommen erhalten zu
haben ...

Es werde Licht - es lichtet sich ...
der Nebel verschwindet die
Wolken ziehen weiter.

**Durch Dich und deinen
Glauben an Dich♥**

<u>Mögliche Affirmation:</u>

*Ich bin bereit mich über
den alltäglichen Blick zu
erheben; unendliche
Weiten erwarten mich!!*

Gute Zeit und frohes Er-Schaffen

Der Elefant als Krafttier wird dich hierbei begleiten und dir "Glück" bringen!!

Claire

Auszug aus dem 9. Buch

Teil 2. der Triologie

"All-Zwei-Sein eines Erdenengels"

Clarissa M. Seite

Ich bin "In-Tolerant" aus ganzem Herzen ...

Voll & Ganz 🖤

Ich bin Heilig und wahre den Schein ...

Dadurch werde ich geliebt und akzeptiert ...

"Ich meins ja nur Gut"

Ich passe mich an und verdiene mir dadurch meinen Platz in der Gruppe und in der Gesellschaft!!

Ich bin die Gute – der Gute und schaffe – erschaffe mir meinen Platz

Ich werde geliebt für meine Scheinheiligkeit!

Ich bin "Un-Eins" und nähre
Intrigen & Böswilligkeit, auch
wenn mir das durch mein
Verhalten im weitesten Sinne
nicht bewusst ist.

"Scheinheilig"

Ich bin nicht Tolerant sagt meine
Freundin ...

Ein echtes Kompliment!!

Ich bin echt und lebe meine
Wahrheit aus vollem Herzen!!

Ich lebe mein Selbst

Authentizität
Echtheit
WAHRheit
TRUE

Ich sehe in den Spiegel und
erkenne mich selbst in meiner

"Wahrheit"

Ich bin mit mir im Reinen und so
was von Klar ...

Lachen
Humor
Spielen

Ich er-fülle mich mit meiner "Wahrheit"

Du kannst davon ausgehen, dass
ich mit dir und mit dir klar &
ehrlich & deutlich umgehe, da ich
eine niedrige Toleranzgrenze
habe ....

Echter Dialog führend

Nicht zu verwechseln mit
Sachlichkeit und gutem
Umgangsformen wahren.

WEIT-BLICK

Ich gehe in mich und bleibe bei meiner Wahrheit!

Raus aus fahlen Kompromisse ...

Ich bin

"Klar"

Ich erschaffe Klarheit mit mir und meinem Umfeld durch meine niedere Toleranz!!

Ich wahre meine

GRENZEN
Loyalität
Treue
Echtheit
Wahrheit
Liebe zu mir

Ich spüre mich ganz tief und im ehrlichen Sein & ehrlichem Dialog mit mir selbst 🖤

Zeit ist kostbar ...
Echte Lebenszeit
Gesundheit wahren durch ECHT sein!!

wahren!!

Ich schenke dir durch meine begrenzte Toleranz

"Vertrauen"

Raus aus Scheinheiligkeit -
Engstirnigkeit - Lügen -
Missgunst♥

Raus aus fahlen Kompromissen
mit mir - meinen Mitmenschen
und meiner Um-Welt.

<u>Mögliche Affirmation</u>

**Ich bin jetzt bereit voller
"Wahrheit und
Klarheit" mit mir zu
leben!!**

Ich bin Echt

Ich bin Authentisch

**Ich lebe & liebe mich
und meine Wahrheit**

"LIEBEVOLL IM SEIN"

"Betrug und Verrat"

ist nur durch "Un-Klarheit"
möglich!

Stehe zu dir und deiner
Wahrheit!!

Glaube dir und deinen Gefühlen

Klarheit

Stehe (Rückgrat) zu dir selbst und
deinen Wünschen und Gefühlen!!

Bleib dir TREU

Ehrlichkeit

Glaube versetzt Berge!

Du bist Stark und Groß in deinem
wahren Selbst!!

Deine Claire

YouTube Kanal <u>Clarissa M. Seite</u>

Erstes Buch:

"Wie werde ich ein Erdenengel" &
*auch in Englisch "How to become an
Earthangel"*

Zweites Buch:

*"Ein Erdenengel und seine
Geschichten"*

Drittes Buch:

„Botschaften eines Erdenengels"

Viertes Buch:

„Herzensweisheiten eines Erdenengels"

Fünftes Buch:

„Seelenweisheiten eines Erdenengels"
Jetzt seit 12.12.2016 im Handel

Sechstes Buch:

„Seelenbalsam eines Erdenengels"

Siebtes Buch:

„Himmlische Werke eines Erdenengels"

1. Teil der Triologie

Achtes Buch:

„All-Eins-Sein eines Erdenengels"

Audioaufnahmen!

YouTube – Kanal - Clarissa M. Seite

„Engel der Meere"

„Wenn der WAL in dein Leben schwimmt"

„Der Wolf als Krafttier"

„Herzensruf"

„Der Drache, der eigentliche Phönix"

„Gefühl im Gefühl"

„ICH bin FREI"

„Das Pferd als Krafttier"

„Selbst-Wert-Sein"

„Fishing for what"

„Time for a change"

„Intuition – Herzensruf"

„Seit dem ich es nun verstanden habe"

„Entscheidungen" / „Meine geliebte Seele"

Bild von Frank Rolf Josef Pöhlmann
(Buch cover 7. Buch – „Himmlische
Werke eines Erdenengels)

Bild – Frank Rolf Josef Pöhlmann

💜**Instagram: @whocares0_0**💜

"Wenn die Antwort "Liebe" ist, wozu noch Fragen"!

Du weißt es bereits in dir ...

Liebe ist die höchste Kraft im Universum ...wenn es Liebe ist, dann wird sich Alles für beider Herzen ergeben♥

Sich in der Liebe ergeben♥

"Ich liebe dICH & Ich liebe mICH"

Herzensverbundenheit über Zeit & Raum!!

Gedanken - Worte - Gefühle - Körper - Wünsche - Lust und auch ganz natürlich die Eifersucht ...

auch und oft grad, wenn Mann
& Frau noch nicht zusammen
sind aber bereits im Herzen in
beider Wissen sich so stark
verbunden fühlen, dass es kein
zurück mehr gibt.

Jeder Tag wird immer und
immer intensiver♥

Gedanken & Träume
kommunizieren im miteinander
permanent!

UND ...

...dann, wenn das Vertrauen da
und sich die Geduld erwiesen
hat, folgt einfach

"Bedingungsloses Lieben"

Sich auch in Abwesendheit
spüren und sehen folgen ...

Ich sehe Dich überall ob es in der Musik - der Erinnerung an Gegebenheiten sind; im Miteinander ... einem Gespräch, was einem nicht los lässt .... ein Lächeln .... eine Berührung des Herzens ...

Du bist immer da und bei mir in meinem Herzen 🩶

Liebe ist ...

Mut - Wille - Kraft - Vertrauen voller Respekt & Achtsamkeit ♥

Geduld ... jeder Schritt führt unweigerlich durch diese Kraft der Liebe in die richtige Richtung!

Göttlich gewollt - Lebensplan leben

Love & Light & Joy

Abendbotschaft!

„RÜCK-ZUG"

Es braucht den Rückzug, um mit
sich und in sich die eigene
Stimme wahrnehmen zu können
...

In ständiger Ablenkung geht der
Sumpf einfach gleichmäßig und
stumpfsinnig weiter ...

Leite den Rückzug ein und
besinne dich!!

Auf Dich und deine
Herzenswünsche und
Herzensbotschaften!

"Alles ist ein Geben & Nehmen"

Balance schaffen - erschaffen
durch Geben & Nehmen im
Einklang und im Ausgleich!

Ist das nicht der Fall geliebte
Seele ... dann leidet deine Seele
und der Körper leidet; erleidet
Schmerzen.

Achte auf Dich und gehe in den
Rückzug auch mit deinem

Ich Will aber unbedingt, weil es
mir zusteht!

Raus aus dem EGO ...

Freiheiten schaffen ...

Denke noch einmal darüber nach,
was du wirkllich brauchst in
deinem Leben, um glücklich zu
sein ...

Und was ist für Dich und deinem
Körper am Wichtigsten

"Eat - Love & Pray"

Pflege Dich - Achte Dich - Liebe Dich voller Respekt und Wertschätzung!!!

Einen schönen Abend und viel Liebe & Licht für Dich geliebte Seele♥

Claire♥

Auszug aus dem 9. Buch

Teil 2. der Triologie

"All-Zwei-Sein eines Erdenengels"

Dankbarkeit ausdrücken♥

Ich Danke dir für dein Sein ...

Du Beeindruckst mich durch deine Ruhe und zumindest äußere Gelassenheit ...

Du bist so im Fluss und so konzentriert ... das beeindruckt mich ...

Dein liebes Wesen - dein leichtes und auch süffisantes Lächeln lassen mich innerlich und auch im Außen erstrahlen.

Du kannst durch deine Mimik zaubern.

Dann und dadurch fange ich an meine Gefühlswelten und mein Potential zu erkennen.

Du bist ein Magier & Meister für mich, weil Du mir mich im Außen spiegelst.

All das, was ich in dir sehe - erkenne ich nun in und an mir selbst.

Auch deine Angst - dein zögern und dein Schweigen lassen mit im Brunnen der Gefühle spiegeln und mich in meiner Tiefe und in meinem Schmerz widerfinden!

Erkenne dich Selbst!

Du bist so eine Bereicherung für ich als spirituelles Wesen ... das auch Du so wunderbar in deiner Seele bist.

Ich danke dir so unendlich für die Begegnung mit Dir - deinem zarten Wesen - deiner Feinfühligkeit - dein Indigo - deiner Führungskraft und deiner oft so präzisen - tiefgründigen Art - deiner Disziplin - deiner Treue - Loyalität 🖤

Oh wie schön und beeindruckend das für mich ist!

DU
DU bist so unglaublich schön in Dir
Du bist so wundervoll und so wundervoll weich & zart

Auch so verletzlich - so still - so voller Ruhe wie ein beruhigender See der einfach

fließt - einfach da ist - einfach
wirkt ♥

Ich sehe DICH

Ich sehe dich in all deinem Sein
- deinem liebevollen Wesen -
deiner liebenden Seele mit der
ich mich so

"liebevoll verbunden"

fühle!!

DANKE, dass du in meinem
Leben hier und jetzt erscheinst
- strahlst und all die Schatten
und mein unendliches Licht
auch durch Dich erstrahlen
lässt.

ICH im DU

ICH im ICH

DU im DU

"Ich liebe mICH & Ich liebe dICH"

Spiegelung im miteinander EINS sein.

"Bedingungslose Liebe"

Ich
Du
Wir
Sein
Liebe Leben

Mit der Welt im Innen und Außen

Kollektiv

Miteinander verwoben und
doch Frei 🖤

Individuum - Licht - Liebe -
Seele 🖤

"Ich liebe mICH &
Ich liebe dICH"

2. Teil der Triologie -9. Buch

"All-Eins-Sein eines
Erdenengels"

Deine Clarissa 🖤

Clarissa M. Seite

Leben weben

„Gertraud Fischer"

reich an Erfahrungen
bereit zu teilen
der Baum in voller Blüte
verströmt sich mit seinem
Duft
beschenkt die Welt mit
seinen Gaben
ohne sich zu fragen, ob er
gut genug ist.
vertrauen
verströmen
einfach SEIN

Bild und Text: Gertraud Fischer

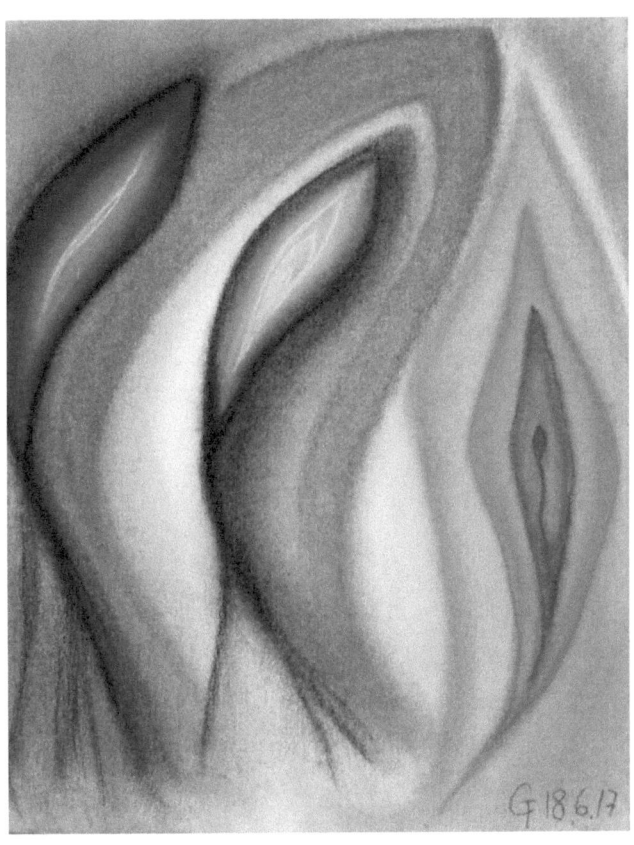

Botschaft!

„Wunsch-Erfüllung"

Was ist dein Wunsch - Wie schaut deine Vision aus und Was und Wie gestaltest du deinen Weg um ans Ziel zu gelangen!?

Zuerst ein Gedanke oder eine Gefühlsregung ...

die sich bei dir bemerkbar macht und wahrgenommen werden möchte!

Ein Wunsch - Ein Gefühl - Ein Gedanke, der sich breit macht♥

Ordne zuerst & dann Visualisiere deine Wünsche - deine *Gefühlsregungen* ...

***Was ist dein innigster Wunsch &
Gefühl, was du miteinander
verbindest.***

Wie fühlt es sich an und was
möchte an Gefühlen gelebt
werden.
Wo sind deine Sehnsüchte all die
Jahre hin vor lauter
Pflichterfüllung.

Erziehung und Prägungen gerade
auch aus der Kindheit zeigen sich
als Blockade und wollen nun
aufgelöst und in die Freiheit entlassen werden!

FREIHEIT leben

Jetzt, wo es dir Bewusst ist, was
deine Wünsche & Bedürfnisse -
gar Visionen sich manifestieren
wollen und schon ein Stück in
deinem Gedankengut manifestiert
haben, ist es an der Zeit, Bewusst

die Dinge in die Hand zu nehmen und einem Schritt nach dem anderen Schritt zu gehen und auch wirklich gehen zu dürfen.

Deine Pflichterfüllung zeichnen dich aus, jedoch ist es für dich und deine Seele wichtig, in die Balance zu kommen, um auch wirklich deinen Lebensplan erfüllen zu können!

GLÜCK ♥
Freude
Lachen
Spaß

sind die besten Freunde Körpers und tragen dazu bei, Gesund zu werden und auch „Gesund – Heil" zu bleiben!

Denke bitte an DICH!

Du bist ein liebenswertes &
lichtvolles Wesen / Seele 🩶

Achte und beachte dich auf gute
und besondere Art & Weise

LIEBE
Selbstwert
Selbstachtung
Wertschätzung

helfen dir, deine Vision durch

"Engagement und Manifestation"

in Erfüllung zu bringen!

Sei dein Schöpfer - Wunder
geschehen

Somit werden deine innersten und
sehnlichsten Wünsche nun wahr
werden!

Vertraue auf dein richtiges
Handeln 🩶

Alles ist gut angelegt in deiner
Welt und darf nun heil werden♥

**Brennesel – eine super geniale
Heil-Pflanze**

Sei „Eigen-Willig wie der Esel" als dein Krafttier!

Der eigen-willige Esel möchte dir deinen Willen aufzeigen …

Ein wahrlich starker Charakter mit tollen Eigenschaften!

Er ist so lieb - treu - geduldig - ausdauernd - stark und so mutig und Groß in seiner Eigen-Willig-keit!

Oftmals ist das was man nicht bekommt oder was zu Ende geht ein "Segen" oder im späteren Verlauf "Glück" gehabt.

Nochmals gut aus der Nummer rausgekommen …

Lieber ein Ende mit Schrecken als Ohne Ende!

Ein Abschnitt geht zu Ende um in eine neue Phase - Lebensphase - Kraftphase gehen zu könne.

Der Esel möchte dir nun folgendes durch seinen starken Charakter aufzeigen:

„Eigen-Willig"

„Eigen – Wille"

„Eigenes – Tun"

Folge Du deinem Weg und mach dir
endlich mal Gedanken wie Du dein
Eigenleben durch Eigenwillen gestalten
kannst.

Raus als Made aus dem Speck …

Nimm dein Leben in die Hand …

Der Esel ist so stark und willig, dass er viele Lasten tragen und ertragen kann aber auch stark und eigenwillig genug um sich zu verweigern, wo es einfach nicht mehr stimmig ist - nicht mehr stimmt!

Er ist zäh - geduldig und sehr ausdauernd und sich selbst in seiner Art "treu".

Er besitzt die Widerstandskraft eines Bären und den Willen und Mut eines Löwen!!

Er ist einfach - treu - willig und geduldig!!

Liebe den Esel in seiner treuen Seele in DIR.

Würdige ihn und du besitzt Alles was es braucht um deinen persönlichen Weg im Leben zu gehen und zu sich zu stehen.

Sei nicht faul nur dann nach getaner Arbeit!

Dann sei wie der Esel der sich gemütlich treiben lässt auf seine ganz persönliche Art.

Denk dran - du bist ein starker Esel der auch sehr schlau sein kann, wenn es erforderlich ist und dein Wille verhilft dir zu deinem ganz persönlichen Ziel zum Glück!

Liebe den Esel in dir und fang endlich an …

"Gehe deinen Weg"

und … manchmal ist es gut einen neuen Weg einzuschlagen, wenn der Alte nichts mehr bringt …

Oder der dich und andere auf Dauer nur beschränkt - einschränkt und blockiert!!

"Sei dir treu" & nimm "Dich mit Humor"

Alles Liebe & Licht deine Claire

Der Weg ist das Ziel! –
*Konfuzius**

Praxis für
Psychotherapie

Clarissa M. Seite

Heilpraktikerin für
Psychotherapie[HeilprG]
Suchtberaterin
Mediale Psychologische
Lebensberatung /
Kartenlegungen

Eine wundervolle Guten Morgen Botschaft zur Sonn"Wende einläuten"

Bist du bereit für deine pure „Ent-Faltung", die sich jetzt einstellen mag ...

JA!

Es ist die Zeit, sich in die Hand zu nehmen und auch mal ein Wagnis einzugehen.

Gehe mal über deine persönliche Grenze und Vertraue auf deinen göttlichen Beistand.

Göttlich geführt!

Bitte um Eingebung, denn nun möchte das Universum, dass du dich für dein "Abenteuer Leben" öffnest.

Alles steht auf Öffnung

Alles ist offen und wartet auf deinen Startschuss!

Gehe im Vertrauen zu dir und deinem Leben ...

Es meint es gut und göttlich mit dir wird dich immer in deinen besten liebevollen Absichten unterstützen.

Vertraue auf das Beste für Alle beteiligten!

Der Schmetterling oder diese wundervollen Schmetterlinge weisen auf das "NEUE & GUTE" für Dich und machen heute zur

Sonnenwende nochmals darauf aufmerksam!

Der Sommer steht für Geborgenheit - Wärme - Wohlwollen - Frei Sein!!

Sei frei wie der Schmetterling, denn das Alte darf jetzt endgültig gehen.

Es ist nun vorbei.

Befreiung aus alten Schalen - Verpuppung - Verstrickungen ...

Du bist ein bunter Schmetterling geworden; du bist frei.

Flieg und genieße dein "Da-Sein" im Sommerwind ...

Einen wundervollen Tag und eine tolle Sonnensommerwende für Dich - Dich & Dich.

Impressum

Personendaten

Vorname Clarissa M.

Nachname Seite

Firmennamen Praxis für Psychotherapie - mediale psychologische Lebensberatung

Geburtstag 19. August 1969

Sternzeichen Löwe

Geschlecht Weiblich

Familienstand Verheiratet

Kontaktdaten

Straße Winibaldstr. 14

PLZ 82515

Ort Wolfratshausen

Land Deutschland

Webseite http://www.theralupa.de / **www.heil-verzeichnis.de**

Persönliches

Über mich:

Clarissa M. Seite

Praxis für Psychotherapie nach dem HPG

Mediale psychologische Lebens-Beratung

Psychologische Beratung und Kartenlegungen auf Wunsch am Telefon

Erstkontakt: 01525 - 654 99 30

www.theralupa.de

www.heil-verzeichnis.de

BLOG:
CLARISSASEITE.TUMBLR.COM

SUCHT-Beraterin (auf der Suche zum Ich)

& REIKI- Meisterin / Lehrerin

Mädchenname: Zickler

Geboren am: 19.08.1969 / Bad Neustadt a. d. Saale

Schulbildung:

Qualifizierenden Hauptschulabschluss – High - School in Louisiana - Realschulabschluss - Universität Tech in Louisiana / Ein Semester in Mathe - Geschichte und Englisch / Art & Sience

Lehrberufe:

Verkäuferin - Einzelhandelskauffrau - Versicherungsfachfrau - Heilpraktikerin für Psychotherapie - Suchtberaterin - Reikimeisterin / Lehrerin

Aufgewachsen in Speichersdorf bei Bayreuth bis zum 18 Lebensjahr

Nach Heirat in die U.S.A / Louisiana bis zum 21 Lebensjahr

Zurück nach Deutschland / Bayreuth für ein Jahr - München vier Jahre –

Bayreuth 16 Jahre - und schließlich wieder nach München / Wolfratshausen bis zum heutigen Tag.

Mein spiritueller Weg

... hat mit den Engel begonnen, die ich schon seit meiner Kindheit sehr bewundert habe und meine Oma mütterlicher Seite hat immer sehr viel zu den Engel gebetet, dass fand ich für mich sehr prägend.

Die Engel, meine tiefe Freundschaft - Verbundenheit und Liebe!

Die Engelsbilder von meiner Oma und meinem Opa hängen heute nun neben vielen anderen Engeln im Wohnzimmer und meiner Wohnung verteilt.

Als ich mir 1992 mein erstes Kartenset / Tarot von Miki Krefting aus München kaufte ging es mit vielen Stunden - Nächten um die Ohren schlagen und Beratungen für Freunde los in Richtung Spiritueller - Medialer und guter Intuition ans Eingemachte!

Mehr und mehr interessierte ich mich für diese umfangreichen Themen wie den Glauben an Gott den Engeln - Glaubensrichtungen der Welt - Interpretationen des Tarots in verschiedenen Auslegungen und Ausführungen von White Raider zu Crowley, der Numerologie (Dan Millman) der Traumdeutung (C. Jung) Kastl – Kant – Frankl – Freud und vieles mehr dazu.

Kartensets wie Selbstheilung von Chuck Spezzano - Göttinenzyklus - Engel von Diana Cooper - Doreen Virtue - & und dem tollen Kartenset von Pia Schneider und Ruth Kendell – **Krafttiere** von Jeanne Ruland & Murat Karacay – **Maria Magdalena** von Jeanne Ruland & Marion Hellwig - **Spirituelles Geldbewusstsein** von

Thorsten Weiss und und und runden mein Profil ab.

Kinesiologie und TCM-Medizin - Kräuterkunde - Homöopathie und die universelle Energie; erst durch die drei Reikigrade und dem Lehrer wurden diese intensiv in meinem Leben seit der Geburt meines Sohnes Frank 1997 integriert und schließlich auch privat an mir und meiner Familie - Freundeskreis und interessierten Menschen praktiziert!

2008 kam dann, nach Jahrzehnten an "üben und lernen" im Spirituellen Bereich der Beginn mit der Ausbildung zum Heilpraktikerin zur Psychotherapeutin (Gesprächstherapie nach Rogers - Psychoanalyse nach Freud) und last but least

2009 die Ausbildung zur Suchtberaterin,

2010 die Gründung der Praxis für Privatklienten und psychologische - mediale Lebensberatung am Telefon!

2014 schrieb ich mein erstes Skript "Wie werde ich ein Erdenengel"

2015

Blog: ClarissaSeite.Tumbler.Com

2015 - 2017 Buch & ebook

„Wie werde ich ein Erdenengel

„Ein Erdenengel und seine   Geschichten"

„Botschaften eines Erdenengels"

„Herzensweisheiten eines Erdenengels"

„Seelenbalsam eines Erdenengels"

„Himmlische Werke eines Erdenengels"

„All-Eins-Sein eines Erdenengels"

Seit 25 Jahren; seit Beginn meines ersten Kartendecks im Tarot kamen viele andere Kartendecks dazu und durch das tägliche ausüben und studieren von Fachliteratur in unterschiedlichen Bereichen hinsichtlich meiner medialen Fähigkeiten wird es immer mehr und das „Tun" immer intensiver und klarer in der Ausübung!

Vereinszugehörigkeit wie:

Dachverband Geistiges Heilen

(DGH)

Verband freier Psychotherapeuten, Heilpraktiker für Psychotherapie und Psychologischer Berater e.V.

(VFP)

Üben – Üben – Üben

Lernen – Lernen – Lernen

Sein – Werden – Sein

Mein Leitmotiv ist:

Lehrer und Schüler zugleich ;-)

Immer und immer wieder ...

auf dem Weg der sog. Meisterschaft (TOD) um wieder und Neu Wiedergeboren zu werden (Phönix aus der Asche)

Anbieter-Impressum

Umsatzsteuer-ID-Nr 82 096 358 479

Handelsregister-Nr. / Steuer-Nr. / ggfls. Geschäftsführer

Praxis - Clarissa Mathilda Seite - Heilpraktikerin   für Psychotherapie[HPG] - WOR

Steuernummer   –   Finanzamt Wolfratshausen – 169/258/90344 – **IdNr. 82 096 358 479**

Bankverbindung – Sparda Bank Nürnberg – BLZ 760 90 500 – Kontonummer 442 50 59

[Gemäß § 4 Nr. 14 Buchst. a UStG sind Heilbehandlungen im Bereich der Humanmedizin umsatzsteuerfrei. Dazu zählen auch die Leistungen der Heilpraktiker].

Ich wünsche Dir - Dir und Dir

Lieber Leser, eine wohltuende Öffnung zu Dir und zu deiner liebevollen Natur als

„Erden-Engel"

In diesen schnelllebigen Zeiten der Jagd nach Anerkennung – Profit und Erfolgsstreben kann dies eine neue Qualität an Erleben und einer eventuellen Konzentrierung aufs Wesentliche und zukünftiger „EntSchleunigung" bewirken!

Ein Dankeschön an:

Meine Eltern; einzigartig in Ihrer Art

Meine Geschwister, die mich in meinem Dasein begleitet und geformt haben

I Love You All!

Meinen Sohn Frank, der mir oft den Spiegel vor Augen hält! ;-) Buchcover von Sohn Frank fotografiert.

Dieses Büchlein dient als ein kleiner Wegbegleiter „täglicher Inspiration" und als Möglichkeit einer neuen Sichtweise in der Lebensführung.

Es ersetzt weder den Rat durch einen Arzt deiner Wahl, noch dient es als Ersatz für medizinische Behandlungen von physischen und psychischen Erkrankungen aller Art!

Werdende Mutter (schwanger) ist oder sich krank fühlt oder krank ist, konsultieren Sie immer zuerst einen Arzt Ihrer Wahl!

Und denk bitte dran …

Du – Du und Du – SIE –Er – Es

 trägst die Verantwortung für

Dich und dein Leben!

<u>Haftungsausschluss:</u>
<u>Autor & Verlag</u>

Inhaltsverzeichnis:

- *Heilung geschieht – Wunder geschehen*

- *Neuanfang*

- *Krafttier Giraffe*

- *Ich bin In-Tolerant*

- *Betrug & Verrat*

- *Wenn die Antwort „Liebe" ist*

- *Rück-Zug*

- *Dankbarkeit ausdrücken*

- *Leben weben*

- *Wunsch -Erfüllung*

- *Eigen-Willig wie ein Esel*

- *Wende einläuten*

- *Was entspricht deiner persönlichen Wahrheit*

- *Die Orchidee*

- *Die Maus*

- *Im Fluss Sein*

- *Bereit, Alles zu geben*

- *Lausche*

- *Harmonie, um jeden Preis?*

- *Sternenkind*

- *Essenz des Lebens*

- *Fülle*

- *Liebe, als höchste Kraft &
  Macht im Universum*

- *Ein „JA" für die Ewigkeit!*

- *„Hoch-Zeit"*

- *Du bist wichtig – einzigartig &
  sehr wertvoll!*

- *Liebe ist meine persönliche
  Religion*

- *Werde zum edlen Schwan*

- *Ich vermisse Dich*

- *Einfach ... zu – Lassen*

- *Gefühle & Gedanken an Dich*

- *Ying & Yang*

- *Immer Ultimativ?*

- *Zuversichtlich sein*

- *Für jeden Einzelnen
  Zutreffend!??*

- *„Ge-Lassen"*

- *Glück-Selig*

- *Zeige Dich*

- *Finde die Kraft in dir durch
  den Gesang der Delfine*

126

- *Malen nach Zahlen, oder doch mehr!*

- *Eins – Null*

- *Die mediale Acht leben*

- *Kraft und Transformation in der ACHT finden!*

- *Botschaften & ihre Zahlen*

„Engel der Meere"

Audio You Tube

Clarissa M. Seite

Glück und Segen auf all euren Wegen

Wünscht euch von Herzen!

Eure Lichtbringerin Claire

Die Natur & Liebe ist
unser höchstes Gut!

Audios auf YouTube

 Clarissa M. Seite

„Schreib &
Sprechmedium"

Delfine, die wahren
"Engel der Meere"

„Wenn dir der Wal als
Krafttier begegnet"

Und viele mehr!

"Ich liebe mich

&

Ich liebe Dich"

Liebesbotschaft an DICH von den Engel der Meere♥

Wunderschön dieses Bild mit all den spielenden Delphinen♥

Gehe in deine Leichtigkeit und lebe dein Ur-Vertrauen zu Dir

und deinem Gefühl und daraus
resultierenden Gedanken &
Handeln!

Vertraue dir deiner Interaktion -
deinem Leben, dass es im
richtigen Fluss fließt.

Energieflusstempo!

https://www.youtube.com/watch?
v=4lfIAfhAK8Y

Klammere dich nicht an
irgendwelchen Ereignissen -
Personen - Situationen; einst
gegebenen Versprechen ...

Aus Angst vor Neuem und aus
der Verpflichtung heraus!

NEIN!

Raus aus Angst - Verlust -
Mangel - Ego und rein ins Herz♥

!Alles hat seine Zeit und wenn der Zustand von

"Geben & Nehmen"

eben nicht mehr, wenn es nicht mehr im Fluss ist ...
(Tarot #14 - Mäßigkeit),

dann hat es ein "Ungleichgewicht" erreicht, was schon seit langem dein Leben bestimmt - beschwert und mürbe macht!

Traurigkeiten & Einsamkeiten & Krankheit sind die Folge!

Magenprobleme - Herz - Depressionen - Krebs können Folgeerscheinungen sein!

Hole dir dein Energieflusstempo zurück; deine Seelenanteile von:

Glück
Freude
Spielen
Vertrauen
Leichtigkeit

und vor allem von der LIEBE♥ zu
Dir und deinem gewünschten
Gegenüber♥

Gehe deinen geschmeidigen -
leichten - liebevollen Weg; im
Fluss des Lebens.

Genieße dein SEIN♥

Sei zuversichtlich im Sinne von:

Vertraue dir und deinem Gefühl -
deinem Herzensimpuls und
gestalte dein wundervolles Leben
auf deine einzig wahre Art &
Weiße - Jetzt!!

Resonanz mit dir gehend erzeugt dein Umfeld voller leichter hoch schwingender Energie und zieht diese Art von Menschen & Situation in deinem Leben ...

Was dir gut tut und dich erfüllt!!

Auffüllen

Auftanken

Regenerieren

Jungbrunnen

Spiele & pflege dein inneres Kind, das dich liebt 🖤

<u>*Mögliche Affirmation:*</u>

Ich bin in meinem Ur-Vertrauen♥
Ich bin im Urvertrauen!

"Ich liebe mich

& Ich liebe dich"

Guten Morgen - Botschaft!

„Was entspricht deiner persönlichen Wahrheit"

135

Was entspricht deinem Licht in
Dir
Was entspricht deinem Herz in
Dir
Was willst du wirklich leben &
sein

Raus aus Verstrickungen
Raus aus Co-Abhängigkeiten
Raus aus Machtverhältnissen
Raus aus Kontrollverhalten

Lebe im hier und jetzt und immer
der Moment deiner

Gedanken - Worte und Taten ...

zählen und bauen so die Energie
auf, mit der du dich umgibst.

Also, spricht die Wahrheit und sei
Ehrlich vor allem zu Dir selbst!

Sei liebevoll DU selbst!

Lebe & Liebe DICH♥

So entsteht dein Energie-Feld das dich voller PositivPower umgibt und das strahlst du dann nach außen.

Resonanz entsteht aus:

"Ursache & Wirkung"

Denke bitte daran, du bist dein Schöpfer!

"Ich bin ein lichtvolles & liebevolles Wesen"

ICH BIN SEELE ♥

Love & Light & Joy

Deine dich liebende Claire ♥

Zeige wer du wirklich bist ...

Die Orchidee will dich mit ihrer sanften Schwingung unterstützen

Wer bist DU ...

Was sind deine wirklichen „Wünsche & Ziele"!

Zeige dich, so wie du bist und was du wirklich fühlst, dann kann das geeignete Gegenstück angezogen werden ...

Werde dir klar über deine Intentionen, also dein Tun und das dahinter verborgene Bedürfnis!

Ziele werden durch klare Aktionen erreicht ...

Immer einen Schritt nach dem anderen aber wage deine Authentizität.

Zeige Dich!

Wer bist Du wirklich und was wünscht du dir wirklich

Drück Dich aus ...

Klare Kommunikation!

Die Orchidee wird dich in dieser
Energieschwingung unterstützen
und dir zu deinem wahren Selbst
einzufinden.

Sakral- Herz und
Kronenchakra sind hier in der
Energie angezeigt.

Einfach mal deine Hände vorm
Aufstehen und Schlafengehen auf
dein Leib - Herz und im Wechsel
auf den Kopf legen und Liebe ein
und ausatmen.

"Ich bin Liebe & Licht"

Energetische Eigenschaften:

Energetische Eigenschaften:

Gehe deinen Weg weiter
Kräfte sammeln und umsetzen

Deine Ziele durch Ausdauer und
Muße erreichen
Folge deinem inneren Stern und
greife danach

Diese liebevollen Energie helfen
dir dabei dran zu bleiben und
nicht aufzugeben, auch wenn es
aussichtslos erscheint.

Die Engelwesen sind immer bei
dir und weisen dir deinen Weg ...

**Liebevolle Führung ist dir
gewiss!**

Bleib weiterhin dran und
fokussiere dich auf dein
gewünschtes Ziel und sei dir
gewiss, dass dir dein Wunsch
erfüllt werden wird.

Glaube an die Kraft und an Dich

...

**Du bist ein liebevolles &
lichtvolles Wesen und
verdienst immer dein
Allerbestes**

Deine dich liebende Claire!

Die Maus!

.. zeigt dir nun neue Möglichkeiten und unerwartete Wege auf …

Lauf ….

Die liebevolle Maus schaut und rennt an dir vorbei und bleibt auch manche male stehen, um dir das Geheimnis von der *"Sanftmut in Allem"* zu berichten und gleichzeitig auch beizuwohnen.

Keine Angst! Sie ist auch ein
wenig schreckhaft, genau wie Du
und hat auch ein wenig Angst vor
Nähe, will dir aber gleichzeitig
durch Ihre sanftmütigen Augen
die Angst nehmen und dir das
Vertrauen in Dir und zu Ihr
schenken!

Nur zu, trau dich zu schnüffeln -
zu probieren und die guten Dinge
im Leben anzunehmen.

Rein lassen ins Herz - ins Leben -
ins Geschehen integrieren.

"Ursache & Wirkung"

Neues zulassen und leben und
lieben lernen.

Es immer und Allzeit für Dich
gesorgt. Keiner will dir was
wegnehmen und schon gar nicht
die liebe MAUS!

Im Gegenteil, Sie will dir die "Gerechtigkeit" schenken.

Teilen und aufmerksam
beobachte, was du brauchst um
dich *"wohl & sicher"* zu fühlen.

Sie zeigt dir die unendlichen
Möglichkeiten auf und was nun
an

*"reichen und schöpferischen
Gelegenheiten"*

zu Dir durch das drehende Rad
des Schicksals auf Dich zu
bewegen ...

Du bist in Sicherheit und darfst
nun schöpfen!!

Wage den Blick in die Augen der lieben Maus; ganz tief den Blick in die Tiefen der Seele blickend.

Jetzt ist die Zeit eingetroffen und
Altes löst sich komplett auf weil
die Maus durch Ihre Gegenwart

dich nochmals in Träumen aufzeigt, dass du jetzt durch die Botschaften genau erkennst und in deine Tatkraft gehst.

Träume gut und hab einen wohlgesonnen Schlaf, der dich in deine Tiefen bringt - wo du zu dir selbst kommst und in dein Vertrauen gehst.

... dann wach auf und du wirst wissen das **Alles seine Ordung** und seinen *eigenen Zauber von leben & lieben hat.*

Du bist umgeben vom guten Geist der Maus!

Umhüllt von der Zärtlichkeit und Liebe mit einem Hauch von einen tiefen kurzen Blick - tief - sicher und voller Vertrauen.

Die Maus lässt dich herzlich Grüßen und wünscht dir nur das Beste, jetzt und allezeit.

Komm! Komm raus aus deinem Versteck!

Jetzt ... tue es

Love & light deine Claire

Der Weg ist das Ziel! – Konfuzius*

Abendbotschaft für Dich -Dich & Dich meine geliebte Seele 🩶

"Im Fluss Sein"

Erfolg ist nur dann ein wirklicher Erfolg, wenn er letzten Endes unserer Bestimmung dient und uns dieser auch wirklich näher bringt!

Denk bitte daran, wenn was mal nicht geklappt hat .... dann....

... wird es aus spiritueller Sicht seinen Sinn gehabt haben!

Du verdienst immer dein AllerBestes 🩶

In diesem Sinne

Love & Light & Joy

Eure Claire

Bildaufnahme Isar-Wolfratshausen
Clarissa M. Seite

so fühl ich mich gerade in den letzten Tagen ... auf und ab - hin und her und irgendwie lustig crazy ....

UND DU ...

Das Kamel / Alpaka ist super ausdauernd und stark in der Durchsetzung!

Sein Gemüt geduldig und gemütlich ...

Sein Fell - kuschelig!

Also, ihr Lieben, dran bleiben und sich so annehmen wie es grad ist ...

LÄCHLE

Es geht auch wieder in die "Leichtigkeit" ...

Fluss 🖤

ABEND-BOTSCHAFT

Bist du *bereit „Alles zu geben"*
um zu empfangen ... ?

Öffne Dich
Dein Herz
Deine Seele

Alles was Du aussendest kommt
zu dir zurück ...

"GLÜCK"

Ist dir das auch wirklich bewusst
..., dass mit der ...

"Resonanz"

Wünscht du Fülle von Liebe ....

Fülle von .... Über-Fluss ...

Gebe, um zu empfangen!

"Sende aus, um zu empfangen"

Was du verschenkst und aus dir verströmst wird zu Dir zurück kommen!

"Ursache & Wirkung"

Verströme deine positive Energie durch Lachen und es werden sich die fröhlichen Menschen um dich herum versammeln

"Magnetismus - Anziehung"

Sei im Fluss ♥

Sei im Fluss mit Dir und mit den Menschen - Wesen - Natur - Gegebenheiten; es wird somit dann im Fluss sein!

Einen herrlichen wundervollen & glücklichen Abend für Dich!!

Love & Light deine dich liebende
Claire

**Fotoaufnahme – Isar /
Wolfratshausen – Clarissa M. Seite -**

Juni 2017

Abendbotschaft!

Sei mutig!

Setze dich mit deiner

"inneren Wahrheit"

auseinander; sei mutig !

"Spiegelung"

.. damit gibst du dem Menschen -
deinen Lieben und den Menschen
um dich herum Gelegenheit sich
mit sich und seiner Wahrheit
auseinander zu setzen.

"Klar Sein"

Zur eigenen Wahrheit finden und stehen können.

Mögliche Affirmation

Ich bin Klar und erschaffe mir dadurch eine klare Umgebung!

Damit erschaffst du dir nicht nur zu dir selbst das Vertrauen und die Ehrlichkeit, die du dir, wenn du ehrlich bist - dir selbst auch so klar und wichtig erwünscht von deinen Mitmenschen

"Frieden"

**!*Ich bin* mit Allen Menschen
EINS in Gelassenheit & Frieden**

Schöne Gute Zeit

Bild – Frank Rolf Josef Pöhlmann

🩶**Instagram: @whocares0_0**🩶

Abendbotschaft!

Lausche und lasse die
Gedanken auf einen Punkt
zusammen fließen ...

Was hörst du, wenn DU ganz still
wirst und einfach mal in dein
Inneres lauscht ...

Was ergibt sich dadurch für Dich
an Erkenntnis!

Was wird ganz arg und laut in dir
vor lauter Aufregung ..

"Regung in dir und deinem Herzen"

Welches Wort erklingt und
Welche Taten kündigen sich bei
dir nun an ...

"RUF des HERZEN"

Folge dem, deinen RUF in DIR
🩶

Jetzt bist du am Kern angelangt
Jetzt bist du bei Dir und deiner
Wahrheit zuhause.

"Angekommen"

Spüre nun DICH ganz und gar 🩶

Alles Liebe & Licht deine Claire

Herrsching am Ammersee 2016 Clarissa M.

Guten Morgen Botschaft!

Harmonie um jeden Preis?

Ist es das, was Du willst und auf
Dauer wirkliche Erfüllung
schaffst ...

Sprenge den Rahmen und erwarte
das Unerwartete

"Überraschungen"

Es gibt nichts zu verlieren;
Gewinn wird dir durch Erkenntnis
und neuen Möglichkeiten gewiss
sein.

"Geschenke"

Öffne Dich und dein Herz und
treffe dich mit deinem Herz auf
eine Ebene der Wunsch-Erfüllung

"Du bist Frei"

Es geht um viel mehr, als nur einen Traum dein kostbares Leben hinterher zu laufen.

"Erschaffe dir deine Wirklichkeit"

Bleib dir Treu!

Erhebe den Blick zum Himmel und fang wieder an deine Träume zu (er)- leben.

Ich wünsche dir Alles Glück der Welt in dem du deinen Traum- Tanz nun zu verwirklichen

Alles Alles von Herzen Liebe & Licht

Deine dich liebende Claire

Bildaufnahme
Herrsching am Ammersee
Clarissa M. Seite

Du, mein geliebtes Sternenkind Karla!

schön, von dir zu hören ... 2

Ich spüre deine *„Sehn-Sucht"* nach Geborgenheit und Liebe, sowie ich diese in mir täglich spüre und oftmals erspüre vor lauter Sehn-Sucht!

Ist es doch so Karla, dass wir Alle Sternenkinder sind und Du für mich ein ganz besonderes Wesen voller Liebe & Licht.

Wenn ich dich sehe, strahlst Du und wenn ich dich nicht sehe, so höre ich dich ... mit deinem "Lachen", was mich automatisch mit lachen lässt.

Dein Wunsch nach Glück-Licht-Sein kann ich immer und immer

nachempfinden und weiß daher
um deine Sehnsucht nach dem
Himmlischen - In sich Wohl-
Seins!

Ein leben auf Erden dient uns als
Seelen, um zu wachsen und zu
gedeihen, denn die Seele möchte
wachsen ...

All diese Erfahrungen mitnehmen
von DiesSeins und JenSeits all
die gesammelten Energien mit-
transportieren.

Ein wahrer echter und noch
lebender Meister hat mal gesagt
...

"Unsere wirkliche Aufgabe ist es glücklich zu sein"

-Dalai Lama-

Sei glücklich im "hier & jetzt"
und fühle die Mutter Erde täglich
in der Natur - im Sein, im
DaSein!

Genieße
Lache
Spiele

und sei einfach glücklich so wie
es ist mein geliebtes Kind
(Patenkind) Karla.

AllZeit mit dir in Liebe & Licht
verbunden

Außerhalb von Raum & Zeit
geliebte Seele.

"Ich liebe Dich"

Deine Clarissa 🩶

Bildaufnahme
Herrsching am Ammersee
Clarissa M. Seite

Essenz des Lebens

Alles hat seine Essenz; vor allem das Leben!

Hast du gewusst, dass wir aus den gleichen Bestandteilen wie das Universum sind ♥

"Alles Sternenkinder"

Göttliche Liebe und Schöpfertum begleiten uns   *überAll*   hin

Viel Spaß auf deinem Weg im

SEIN ♥

Sei dir bewusst mit Allem Verbunden zu sein - Matrix!

CLAIRE

Fülle!!

Fülle dich wie ein Füll-Horn mit positiven Gedanken und werde zu einem Magnet positiver Ereignisse 🩶

Wie:

**Tägliches Affimieren und Beten kann hier sehr nützlich sein:**

"Ich bin ein Magnet für Gutes"

"Ich bin glücklich-gesund & heil"

"Ich verdiene mein AllerBestes - Jetzt"

"Ich bin Erfolg-Reich"

sind nur einige positive Affirmationen die täglich genutzt werden wollen, um sein „*GedankenGut*" auf ein gutes - neues und gesundes Denken auszurichten!

So oft wie möglich über **27 Tage** kann im Unter-Bewusst-Sein eine Veränderung stattfinden und die ***Denk- und Sichtweise um 180 Grad bis 360 Grad gedreht*** und somit verändert werden!!

Ausprobieren und weiter machen sind gute Wegbegleiter zu einem neuen besseren Bewusst-Sein

Bete am Morgen und am Abend und segne dein Gutes Werk - dein gutes Tun - deinen guten Tag jeden Tag aufs NEUE 🖤

Erzeuge dein Glück durch Beten - Segnen & Danken!

Sei dankbar für dein Leben und erlaube dir es jeden Tag in eine gute Richtung zu kreieren.

Jeden ein Stück mehr .... auf deinem Weg des

"Glück-Licht-Sein"

Denk an die Ursache und Wirkung ...

Wie wirke ich auf andere und was für Wörter benutze ich in meinem Umfeld; was ist mein Gedankengut ...

Überprüfe es gut!!

"Resonanz-Gesetz"

Wie ich in den Wald reinrufe, so kommt es zurück .... dass sagt uns schon zu Lebzeiten ein altes Sprichwort.

Wie wirkst du und wie klingst du ... Wie ist deinen Energie Was sendest du aus ...

Veränderung durch positives Denken kann durch Übung langfristig bewirkt werden

Sei Kreativ und sei dein Schöpfer 🩶

Love & Light eure Claire

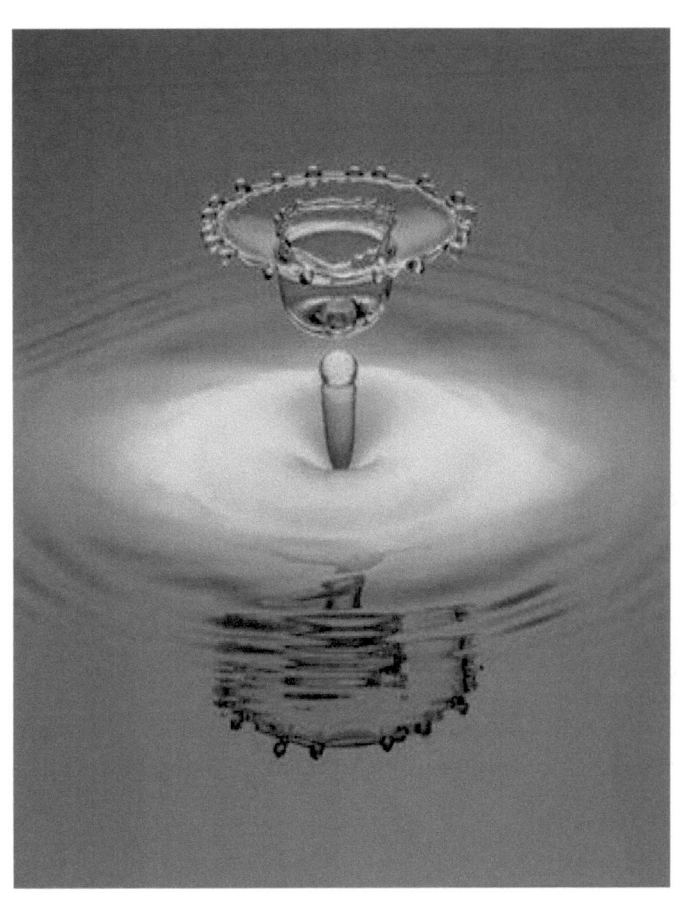

Fülle durch Aktion

Was kann "Fülle" für Dich noch
bedeuten ... auf deinem Weg des
Glücks ...

Auch ein

"NEIN"

zu einem Menschen oder einer Sache ,
ist ein

"JA"

zu Dir und deiner Person!

Abgrenzung ist eine wichtige Sache
und dient der Eigenbestimmung.

Ich Grenze mich ab, wenn ich was
nicht wünsche; es mir unangenehm ist.

"Aktiv"

Ich spreche es aus "NEIN" zu sagen,
damit das Gegenüber weiß was ich
möchte und was nicht.

"Deutliche Signale aufzeigen"

Ich Grenze mich ab in einer liebevollen Sprache und Gestik, außer ich werde in meinem Tun und Wort nicht wahrgenommen, angenommen und verstanden, dann werde ich deutlicher!

Ich Fülle mich mit:

Eigenrespekt und Liebe
Achtsamkeit
eben Grenzwahrung

"Ich Aktiviere dadurch positive Fülle"

Ich gehe liebevoll mit mir und anderen um, und wahre meine Stellung!

Ich zolle mir meine Würde - Würdigkeit und gehe Würdevoll mit mir und anderen um.

Das kann auch ganz viel Selbst-Wert-Fülle bedeuten.

Fülle dich mit Positivem

Menschen
Tätigkeiten
Gegenständen

Sei Aktiv in deiner Wert-Gestaltung!

<u>Mögliche Affirmation:</u>

**Ich bin es mir Wert und gehe
wertvoll mit mir um!**

Ich bin Erfolg-Reich!

Alles ist

Liebe & Licht

Claire ♥

Liebe als höchste Kraft und Macht im Universum!

Liebe als höchste Schwingung und Kraft, kann Berge versetzen und bringt dich unweigerlich in deine Heilungsenergie auf Allen Ebenen.

Liebe so oft und so viel als stärkste Kraft ...

Sende die Liebe aus zu deiner geliebten Person ...

"Wenn die Seele liebt, gibt es kein zurück mehr"

Unerwartete Nachricht folgt!

Was auch immer passiert, behalte dein Lächeln und verliere dich in der Liebe.

Rumi

Andechs September 2017

Ein „JA" für die Ewigkeit

...

Ist es das oder ist es eine Zeit des Wachsens für Immer !?

Ein Tod in der Liebe zueinander ist ja bekanntlich der Anfang vom Ende 🖤

"Hier & Jetzt"

zu leben - genießen - reflektieren - wachsen - umsetzen und schauen was die Zeit dir dadurch bringt ...

Alt im miteinander werden ....

in

„Respekt - Liebe – Achtsamkeit"

Ein lohnendes Ziel voller

Mut - Eigeninitiative - Vertrauen
- Geduld - Reflektion - Wachstum
....

Bist du dafür bereit - reif!?

Wage den Schritt ins
ungewisse aber voller Mut
und in der Gewissheit das du

„Reif „

daraus hervor gehst!

Alles Liebe & Gute für deine

"Hoch-Zeit"

Berufung!

Durch deine Hingabe an
deine geliebte Aufgabe wird
sich automatisch die Fülle
und das Glück der Berufung
einstellen.

Liebe das, was du tust und
Du bist immer Erfolg-Reich
...

schon Allein durch diese
positive - befruchtende
Energie 🩶

"Lebe das was du liebst und liebe das was du lebst"

und dein Erfolg in dir ist gewiss, dann kannst du deine Herzensenergie über tausende von Miles erstrahlen lassen und die Resonanz durch Magnetismus tritt in Kraft.

Liebe als höchstes Gut!

"Ursache durch Wirkung"

Lebe dich und dein „SchöpferDaSein" aus vollen Zügen!

Kreativ & voller Freude

Du bist wichtig - einzigartig & sehr wertvoll!

Was ist dir wichtig!

Klar ist es schön sich mit schönen Dingen zu umgeben ...

Ein tolles Auto - ein Mercedes wäre jetzt so mein Favorit

"E-Klasse - Junger Stern"

Why not,

Ein schmuckes Häuschen mit großer Terrasse - Wirlbool und

Sauna und einen besonderen Platz
für mich zum Grillen und malen
& schreiben!

Mal eine große Schiffsreise über
die Kontinente hinaus wagen ...

Ein halbes Jahr Schiffla fahren
und die Welt anschauen können
...

JA, das wäre schon was ...

Fakt ist, ich hätte viele Männer
heiraten können mit ganz viel
Geld aber ich habe es nie getan,
ich hätte sie nicht lieben können,
auch wenn es der Wunsch meiner
Eltern gewesen wäre den tollen

Arzt im Dorf zu heiraten - den Firmeninhaber mit tollem Flugzeug - den erfolgreichen Kaufmann ...

Well!

Es war einfach nie mein Ding, dass mit den Besitz als Status in einer Zweckgemeinschaft ohne Liebe!

Ich bin ein Naturkind und ein FreiGeist!

Das mussten meine Eltern oft mit knirschenden Zähnen hinnehmen und runterschlucken.

War ich doch selbst mein und
folgte einfach immer wieder
meiner Bestimmung durch den
Dschungel des Lebens!

Mit vielen Auf- und Ab's / Ups
and Downs und voll Gas voraus !

Vieles lernen wollen im Leben -
spüren - schmecken und durch
das erlebte die wertvollen
Erfahrungen im Leben machen.

Amerika
München
Bayreuth
München

Einfach das Leben so nehmen wie
es kommt!

Sich nicht von Status und Besitz
besitzen lassen

Sich nicht in Abhängigkeiten der
Familientratitionen begeben.

Reich zu Reich ...
Besitz zu Besitz ...
Status zu Status ...

Immer den "Status" als was
besonderes dadurch zu sein im
Blick!

Viel hat es mich gekostet; noch
mehr habe ich dazu gewonnen ...

"MICH"

Irgendwie oft Alles an
Verständnis in der Familie
verloren und doch an Selbst-
Achtung dazu geerntet.

Jetzt in einem gewissen Alter;
noch mehr an Erfahrung &
Weisheit gewonnen auf dem Weg
zu noch mehr

"SEIN"

aus ganzem Herzen

"Clarissa - Licht - Sein"

Ich habe Alles; ich vermisse
nichts wirklich - manchmal ist
mir mein jetztiger Besitzstand
schon zu viel Ballast!

Oft drängt es mich vieles wieder
zu verschenken und einfach frei
zu lassen und das tue ich dann
auch gewöhnlich oft und viel.

"Frei Sein"

Raus aus diesen materiellen
Abhängigkeiten; sich leben und
so als gut empfinden ...

"Ich bin wertvoll"

"Ich bin ICH"

"Ich als Person - Wesen -Seele bin einzigartig und wertvoll; ein Kind Gottes"

Das macht ich in meiner Essenz wirklich aus ...

"Liebe & Licht"

Ich wünsche euch aus ganzem Herzen den Blick für Euch zu wahren und das zu leben - zu sein - zu wirken wie DU es dir wünscht und dich glücklich macht.

Alles andere ist ein Verrat auf Raten und wird dich Stück für Stück sterben lassen.

"Raus aus Co-Abhängigkeiten"

Immer im festen Glauben an sich
leben - seine Berufung annehmen;
dem göttlichen Plan folgen voller
Freude - Licht und Liebe im sein
...

Sich auf den Weg zu sich
begeben, im Vertrauen und in der
Geduld, dass Alles seinen Sinn
macht.

Die Seele will ihren Lebensplan
verwirklichen, auch wenn es für
dich als Mensch nicht immer
nachvollziehbar oder in jungen
Jahren noch nicht greifbar ist.

Fühle und versuche zu verstehen
und begebe dich auf deinen WEG
des LEBENS!

"Der Weg ist das Ziel" .

Folge der Stimme deines Herzens
Du nimmst nur deine Seele mit.

Ich liebe dich
Träume verwirklichen
Wenn Liebe die Antwort ist
„JA"

Liebe ist meine persönliche Religion

Die größte Macht im Universum
überhaupt ...
Die stärkste Energie über
tausenden von Miles

Nächstenliebe
Barmherzigkeit
Being a helping hand ...

Jesus ist mein Vater
(Godfather)und Gott die göttliche
Führung im Universum

Maria Magdalena meine Mutter
(Godmother) - meine Liebe -
mein Herz 🖤

**Dalai Lama mein Freund - Freude
- Spirit**

**"Ich liebe mICH & Ich liebe
dICH"**

!!Was ist deine innere Wahrheit - deine Religion - dein Weg ....

**Ich bin Reich!
Ich bin Erfolg-Reich
Ich bin ein Magnet für
Wohlstand!**

**Ich bin glücklich - gesund &
heil**

UND DU?

Alles was ich besitze dient
meinem Wohlsein,

"Innen wie Außen"

Es darf immer im Kreislauf des
Leben fließen und im Fluss sein
♥

Unendlichkeit - Alles kommt
immer wieder zurück

"Licht & Schatten"
"Tag & Nacht"
"Himmel & Erden"

"ZWEI"

Im Miteineinder "Eins" sein
♥

Sei dein edler Schwan!

zeigt dir dein Potential auf durch
Anmut - Schönheit und vor allem durch
den gewagten Seelenblick im Spiegel
deiner Selbst!

Jetzt weißt DU es …

Du weißt nun wer DU bist und was Du
kannst & willst!

Deine Fähigkeiten zeigen sich dir nun
immer mehr und führen dich zu deiner
Berufung!

Weisheit & Klarheit durch den
SCHWAN sind dir nun gewiss.

PUR!

Nun hast du den Mut aufgebracht dich
auf deinen Seelenweg zu begeben -
deine Schatten angeschaut und deine
Ängste überwunden!

Wunderbar!

Du bist zum ***edlen Schwan geworden*** und kannst nun von all deinen vielseitigen Seiten von Innen nach Außen glänzen und erstrahlen in all deiner Pracht.

Deine Anmut ist nicht gespielt, sondern durch den Gang ins Ungewisse erworben.

Es war sicherlich nicht einfach Altes
frei werden zu lassen - sich in der
Befreiung zu entfalten um dann ein
Schwan zu werden.

Jetzt ist es soweit!

Zeige was Du kannst - teile dein Wissen - und lebe all deine Talente aufs NEUE.

Genieße nun dein neues ICH -
deine künstlerische Freiheit und
dein "Frei Sein" mit dir und
deiner Welt.

Fliege und schwimme nach Lust
& Laune, denn du bist nun ein
SCHWAN!!

ZWEI in EINEM

Ying & Yang

Mann & Frau - Frau & Mann

Schwäne bleiben ihr ganzes Leben vereint zusammen!

Love & Light & Joy

Deine Claire

Der Weg ist das Ziel!
– Konfuzius*

Praxis für Psychotherapie

Clarissa M. Seite

Heilpraktikerin für
Psychotherapie[HeilprG]
Suchtberaterin
Mediale Psychologische
Lebensberatung / Kartenlegungen

**TAROT / KIPPERKARTEN /
ENGEL / KRAFTTIERE**
REIKI – Meisterin / Lehrerin

SCHREIBMEDIUM &
SPRECHMEDIUM

www.theralupa.de
ClarissaSeite.Tumblr.com
You Tube Kanal
Clarissa M. Seite
Clarissa.Lichtweg@gmx.de

Ich vermisse Dich!!

Sagt mein Herz und meine Seele
...

"Nur Mut - werde Aktiv"

Wann lässt du deine Maske
fallen; wirst Aktiv mir gegen über
...

Öffne dich doch bitte; zeige Dich
- melde Dich sagt mein Herz ♥

"Schritt für Schritt"

... der Verstand; nimm dir die Zeit
... aber gehe in meine Richtung!

Ich kann warten; egal wie lange,
denn mein Herz und meine Seele
sagen:

"Des Warten Wert"

Es ist die wahre Liebe - bis zum Schluss, sagt die Seele und das Herz lächelt und sagt, JA, ich spüre es schon die ganzen Jahre!

"Wunscherfüllung"

Göttlich geführt ...

Es warten Geborgenheit - Liebe - Lachen - Spaß und noch viel mehr.

"Vertrauen"

in sich und seinem Gegenüber auf einer höheren liebevollen und verständnisvollen Ebene

"Sein"

"Wenn die Seele liebt, gibt es kein zurück mehr"

„Ich liebe mICH

&

Ich liebe dICH"

Zwei im Einz Sein sein.

Einfach zu*lassen - einlassen - geschehen lassen!

Denke immer daran, was du verschenkst kommt tausendfach zurück 🖤

Lächle und verschenke deine "Liebe & dein Herz"

Verströme deine Herzenswärme & Liebe in Dir ...

Du wirst reichlich dafür mit "Liebe und Herzenswärme" beschenkt!!

"Ganz Sicher" ...

Eventuell nicht gleich, aber ganz sicher an einem anderen TAG!

Ganz sicher!

Es kommt immer zu Dir als
positive Energie zurück.

Probier es einfach mal aus, was
kann schon passieren außer ...

GUTES!

Lächle und strahle von Innen und
beobachte bewusst, was um dir
herum passiert.

"Positive Ausrichtung"

Jeden Tag ein bisschen mehr und
Alles wird sich mit der Zeit auch
bei dir neu - besser - schöner -
positiver ausrichten werden

Garantiert!

"Du bist es WERT geliebt zu
werden"

Vertraue dir und deinem Tun jetzt!

SCHÖNEN ABEND 🩶

Bild – Frank Rolf Josef Pöhlmann

🩶**Instagram: @whocares0_0**🩶

Im Gefühl &
Gedanken an DICH
Botschaft

Was gibt es schöneres, als das Gefühl
von Liebe und einer wertschätzenden
Person im Leben!

Egal ob "Freudschaft oder
Partnerschaften" ...

es ist das schönste an
*"Erfolgsgefühl und das
Wertvollste"* auf der Welt im jetzigen
DASein 🖤

Oder, was meinst du dazu!

Es gibt Menschen in meinem Leben,
die möchte ich niemals missen wollen
...

Ich möchte es dir unbedingt mit-teilen

Ich respektiere und liebe - wertschätze Dich aus ganzem Herzen!

Jeder Tag ist ein wertvoller Tag und ich habe es mir zur bewussten Aufgabe gemacht, es diesen Menschen, DIR mit

"Worten und Gesten und Aufmerksamkeiten"

zu zeigen.

Es ist so unendlich wichtig, keinen Tag verstreichen zu lassen, auch wenn es genug Ablenkung und Herausforderungen gibt!

"Bewusst - Sein"

Ja, Du bist mir wichtig und ich möchte es dich spüren lassen!

Dir mit Worten und Gesten zeigen ohne Dich unangenehm, dir unangenehm zu nah zu kommen!

Dir einfach zeigen, dass Du ein wertvoller Mensch - Wesen - Seele für mich
bist.

**DANKE, dass du in meinem
Leben erschienen bist ... das ist
für mich unglaublich wertvoll -
DANKE!**

Von Herzen Alles Liebe

Claire 🖤

Bild – Frank Rolf Josef Pöhlmann

🩶 **Instagram:**
@whocares0_0🤍

Fühle dich in deinem Körper wohl und genieße deine Körperlichkeit ...

Was spricht dagegen ?

NICHTS!

Jeder ist so - wie er ist und jeder findet sein Gegenüber ...

Sowie jede Zeit seine Veränderung in sich birgt, verändern wir uns auch ...

So ist das Leben; im ständigen Wandel!

Natürlich bist du aufgerufen, dir was Gutes zu tun ...

Pflege dich in deinem wertvollen Körper und auch deinem Geist 🩶

Führe dir gute Nahrung, sowie auch gute Gedanken zu 🩶

"Bleib dir selbst treu"

Verbiege dich nicht, den das führt auch automatisch zu Frust, was dir und deinen Körper / Geist einfach nicht gut tut!

"Sei frei und genieße deine Freiheit"

Begebe dich in die wunderbaren Genüsse des Lebens und sei gut zu dir.

"Du verdienst dein Aller Bestes und darfst ohne Angst lieben"

Dein Körper und dein Geist
verdienen das Beste überhaupt &
deine Seele fordert dies über kurz
oder lang ein.

Seele spricht über deinen Geist
mit dir und deinem Körper und
lässt dich die unausgewogene in
die Schieflage geratene Balance
spüren ...

Du weißt was ich meine! Ganz
sicher!

"Ehrlich zu sich sein"

Begebe dich in deinen wertvollen
Tempel und pflege DICH aufs
höchste Wohl.

"Körper - Geist & Seele"

Ihr verdienst euer Wohl-Sein ❤

"Ich liebe mICH & Ich liebe dICH"

Claire

Wohlsein – Balance – Bild Usedum

Ying & Yang als Guten Morgen - Bewusst-Seins- Botschaft!

geht es immer um *Vollendung* ...

Mit dem Zyklus des Lebens ...

vollenden.

Rund sein - mit sich im Einklang sein!

Ying & Yang im Einklang bringen 🩶

Seine Männlich aktive und Weiblich intuitive Seite, empfänglichen Seite in den Einklang bringen ...

Werde dir deines Erfolges im "Da-Sein und glücklich Sein" bewusst.

Das ist wahrer Erfolg 🩶

"Unsere wahre Aufgabe ist es glücklich zu sein" - Dalai Lama -

So ist es liebe Wesen - Seelen.

Es geht um das bewusste empfinden von Liebe - Licht und Glück-Lich(t)-Seins.

Mit sich und seinen Gefühlswelten im männlichen & weiblichen Prinzip in Balance sein.

Lass es mit dir fließen und sei und genieße das "hier und jetzt"

Entscheide dich für dich und deinem wundervollen Leben der

...

Wunder und des Glücks auf Allen Ebenen.

Es braucht wirklich nicht viel♥

Gehe deinen Weg und fühle wie sich die Gegebenheiten so in einander Fügen, dass du dich wohl fühlst.

Positiv Ausrichten im Tun und in den Gedanken!!

Du wirst sehen, wie sich dein Lebens-Puzzel zusammen fügt.

Ein paradiesisches Bild von Sein

<u>Imagination</u>

Lebe dich und deine Visionen &

„go with the flow"!

Immer Ultimativ?

Immer das Beste geben ...

Immer vollkommen?

Besser als die Anderen ..

Warum eigentlich und was steckt
da wohl an Information - Gefühl -
Prägung - Erziehung dahinter.

Wie war deine Kindheit!

Welche Sätze - Glaubenssätze
begleiten Dich

Was bist Du dir eigentlich jetzt
WERT 🖤
Was hindert Dich, dich so zu
lieben wie Du bist???

Du verdienst immer dein Bestes,
denn du bist gut so wie Du bist ....

WARUM!

Weil jeder seinen eigenen
persönlichen Ent-Wicklungs-Weg
in seinem jetzigen SEIN gehen
darf.

Lebe dich so wie DU sein
möchtest und übernimm einfach
die Verantwortung, dann bist du
FREI!

Alles andere sind eigene
auferlegte Beschränkungen und
Einschränkungen deines
DENKENS.

Nicht mehr und nicht weniger!!

Bin auf eure Meinungen
gespannt!

Nur Mut!
Sei Aktiv in deinem Sein

"Ich liebe dICH & Ich liebe
mICH"

DER WEG IST DAS ZIEL

 - KONFUZIUS

Deine dich liebende Claire!

Stralsund 2016

Zuversicht

Zuversichtlich sein

Bleib mit dir in der Zu - Ver-
Sicht!

"Alles kommt zur rechten Zeit
und regelt sich zum Besten für
Alle Beteiligten"

Mit Gott in der Zuversicht sein!

Glaube & Vertraue

Glaube & Vertraue, dass immer
das richtige zu dir kommen wird,
denn deine Seele wünscht sich
dein Wachstum.

Und du darfst dich immer frei-
willig dafür entscheiden oder es
einfach lassen!

Zuversicht mit Dir selbst heißt,
dass du aus deiner Angst und
deinen Miss-trauen auch dir
gegenüber raus gehst.

Hör einfach auf dich "klein" zu
machen, mach dir Bewusst wie
toll und einzigartig du bist.

"Einzigartig und Besonders"

Du bist aus der "Liebe geboren"
& kannst nun diese höchste Kraft
an Schwingung aussenden.

Öffne Dich weit; dehne dich nun
aus!

Sei die Liebe selbst und vertraue
auf die Anziehung von noch mehr
LIEBE 🖤

Ja, so ist das mit der Resonanz
von

"Ursache & Wirkung"

Aussenden von Liebe -
Empfangen von Liebe =
natürlicher Fluss durch Liebe!

Resonanz eben!!

Alle Klar - "Klarheit" - geht Klar 🩶

Du bist Liebe und bist es immer
Wert geliebt zu werden!

"Ich liebe dICH

&

Ich liebe mICH"

KLAR!!

**Deine dich liebende
Claire** 🖤

Ehren - Amt!

Ja, bis zu einem gewissen Maß
gerne ...

genau so ist es auch gut...
Ich gebe auch einfach mal so eine
Beratung und unterstütze in Not,
nur muss da auch die Grenze
gewahrt werden und ich fühle oft,
dass die Grenzen von *„Geben
und Nehmen"* oft vom
Nehmenden oft - wirklich oft
nicht gewahrt wird!

Ich will mehr ... ich bin so arm ...
ich habe nichts ...

Opferhaltung macht sich breit!

Aber das ist oft verständlich, denn
der "Notleidende" hat das Thema
Eigengrenzen anzusehen und lässt

oft mich sich machen was andere wollen!

Verletzungen - Grenzüberschreitungen und ausgenutzt werden ohne Respekt und Achtsamkeit sind hier die tiefen Themen.

Abhängigkeiten - Co-Abhängigkeiten - Sucht ...

Suche nach sich selbst ...

EigenLiebe!

Da gilt es diese als Schattenseiten auszulösen; für mich dann eine gute Möglichkeit in meinem Tun auch dann nach vielen ehrenamtlichen - freiwilligen Helfen - Grenzen zu setzen!!

Als Spiegel dienen

Grenzen auch für den Fragenden -
Nehmenden aufzeigen!

Es ist ein "Geben und Nehmen"
und der Ausgleich darf immer für
beide Seiten stattfinden.

Einklang - Ausgleich schaffen
und das nicht nur kurzfristig,
sondern als fester Bestandteil für
den Eigenrespekt - Eigenwert!

Immer nur Ehrenamtlich arbeiten
und das Nehmen durch diese
gutmütigen Menschen in Ihrer
Kraft, finde ich durch viele
Organisationen kein wirklich
dauerhafter guter Ansatz!

Es geht viel zu sehr in die falsche
Richtung von nur "Geben"!

Auch Organisationen sind in
gewissen Maßen
Wirtschaftsunternehmen und

werde durch die Industrie und deren Ausbeutung erst ermöglicht und somit erschaffen!

Oft sind es Rentner und viele Fraunen und junge Menschen, die eben "Ehrenamtlich" auch durch das freiwillige und im Ansatz als gut gemeint

"Geben von Zeit & Kraft"

einen Ausgleich benötigen und hier ist nun einmal unser Aller Zahlungsmittel als Energieaustausch

"Geld"

und das ist völlig in Ordnung!!

"Geben und Nehmen"

....als Balance für Ausgleich auf Allen Ebenen!

„Grenzwahrung und Respekt für jeden Einzelnen"

... nur durch das

"Wahren" dieser Energie"

(Fluss - Ausgleich - Geld)

…

für jeden als Gerecht anzusehen!!

Love & Light Claire

Für jeden Einzelnen zutreffend & passend !??

Liebe Leser - Interessierte und wissbegierige Wesen 🩶

Für jeden Einzelnen ist das hier auf meiner Seite nicht immer zutreffend und auch so nicht gedacht!...

Meine Texte - aufgeführtes Sinnen und das geschriebene Wort dienen rein der Anregung und dem eventuellen freiwilligen nachsinnen im Sinne von "Eigenverantwortung" für sein Tun - Handeln und Denken übernehmen.

Das versteht sich sicherlich für Viele von selbst und ist ein reines Anregen - ein eventueller

Perspektivenwechsel, ein eventuelles über den Tellerrand schauen können, wenn es denn gewollt ist.

Jeder Leser entscheidet für sich in seiner Eigenverantwortung in wie weit dies für Ihn zutreffen kann & darf!

!Eigene Verantwortung und Grenzen übernehmen & wahren♥

Ich wünsche viel Freude - Licht und Liebe mit meinen Texten und Worten und Freue mich auf liebevollen Austausch!

Wachstum kann geschehen durch Austausch & Erfahrungen im miteinander♥

Lerne mit deinem Herzen zu sehen & Alles verwandelt sich in wunderbar Möglichkeiten!

Sunny side up!

Öffne dich für all die wundervollen unbegrenzten Optionen die Du dir selbst erschaffen und ermöglichen kannst 🖤

Herzöffnung!

Alles ist Möglich ... und das zu jeder Zeit ... Wunder geschehen ...

NUR MUT!

Aktion anstatt nur Reaktion ...

Du bist dein Schöpfer; schöpfe
aus dem vollen Kelch

GLAUBE AN DICH UND
DEINE KRAFT!!

Herrsching am Ammersee 09-2017
Auf dem Schiff MS-Utting

Einfach mal "lassen" - einfach mal nix tun müssen ...

Sein lassen!

Es gibt auch Tage wie heute, wo es einfach notwendig ist einfach zu "lassen"

In meinem Fall hab ich einen Zinkleinverband am Fuß und kann mich nicht so bewegen wie ich gerne möchte ...

Zeit zum lassen ... einfach sein lassen und sich in diesem Moment ruhen lassen, um neue Energien anzureichern.

Zeit zum ruhen lassen ...

Es gibt nichst zu tun im Außen ...

In sich zu kehren kann sehr reinigend und wohlwollend sein! Zeit für den inneren Rückzug, um sich und seine Stimme wahrnehmen zu können.

Zuhören und das Ego los - lassen

Lass es einfach mal sein!

Heilung geschieht!

Euch einen schönen Tag und God bless you!

Glück-Seligkeit, dass wünsche ich euch ...

Mit sich und dem *"hier & jetzt"* glücklich sein können!

Für mich grad der Kaffee, der genüsslich getrunken & geschmeckt wird!

Einfach herrlich!

Das ist für mich das kleine Glück am Morgen und darauf freue ich mich jeden Tag aufs NEUE.

Meine Söhne, die mich durch ihr rumrumpeln eigentlich immer aufwecken und ich froh bin, dass es Ihnen gut geht auch wenn sie früh morgens zu laut sind und Ihre Umgebung aufgrund I-Phone und Stöpsel im Ohr nichts wirklich mitkriegen ...

Ein morgentliches Klappern der Türen und Schränke!

Schön, dass es Ihnen gut geht und sie so voller Schwung und Tatenkraft sind.

Ja, in den kleinen Dingen steckt oft das Glück, dass immer und immer wieder ins Bewusst-Sein wahr-genommen werden darf!

Auf das Wesentliche konzentrieren ...

Wahrnehmen!

Gestern kam ich an einem Schild an einer freien Kirchengemeinschaft vorbei und da stand **"Siehe da, ich komme bald"**

[Offenbarung 22,7]

Seitdem sinne ich über diese
Bedeutung und auch hier kommt
mir der Gedanke ...

Alles ist beseelt und Alles ist
irgendwie "Jesus" in uns in
unserem Herzen göttlich als
Funke!

Zünde dein Potential und lebe
dein Glück in jedem Tag aufs
NEUE!

"Hier & Jetzt"

Hier & Jetzt findet dein Leben,
dein Glück deine Glückseligkeit
statt 🖤

Eigentlich ganz einfach ...
genieße es, was auch immer dir
schmeckt!

Bei mir ist es grad der "Kaffee"

Alles Liebe & Licht

Eine Dich liebende Claire

Zeige Dich!

Wer bist Du ...

zeige und liebe Dich so wie du
bist!!

**Offenbarung an Sich selbst,
um sich die**

**"Anerkennung - den
Respekt und die Liebe
selbst zu schenken"!!**

Wahres Selbst in Wahrheit zu
sich selbst leben!

Erst dann ist ein von

"Innen im Außen"

Vom ICH zum DU

in der Partnerschaft im WIR, im
Miteinander möglich ♥

Mut zur Wahrheit
Mut zur Offenbarung
Mut zu seinen
Gefühlswelten

"Ich liebe mICH & Ich liebe
dICH"

Nur so ist das in Wahrhaftigkeit
möglich; sei dir dessen Bewusst!

Mach dich Möglich und
lebe Dich ♥

Vertraue dir und deinem
Tun!

Sprenge deine Ketten
Sprenge deine Blockaden
Sprenge deine alten
Glaubenssätze

Mögliche Affirmation:

Ich bin Frei
Ich bleibe mir selbst Treu

Schönen Tag und ganz viel
Liebe & Licht

Deine Claire

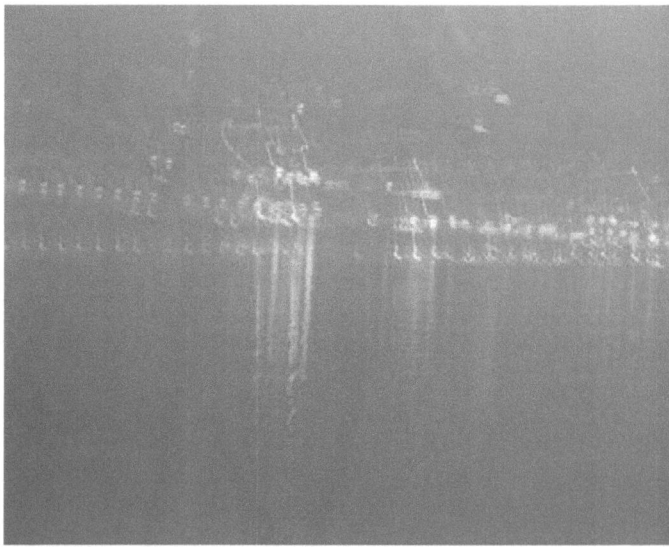

Bilder Frank Rolf Josef Pöhlmann

Finde dich durch den Gesang der Delfine in deiner Ur-Kraft wieder!

"Die Engel der Meere"

wünschen sich, dass DU dein Ur-Vertrauen & deine Ur-Kraft lebst und diese wenn möglich auch so in deinem Umfeld an Licht & Liebe weiter vermittelst!

Es ist so wichtig diese Grundbasis zu leben um dadurch die Geborgenheit in sich mit seinem

"inneren Kind"

im Kontakt - in der Kommunikation zu sein & zu leben!

Pflege dich - deine Wurzeln und schöpfe aus deinem unendlichen Potential an Kraft und Willen 🩶

Sie Du ein Lichtbringer wie der Delfine und schenke deinen Mitmenschen all die

Freude
Lachen
Spielen

all das Glück, dass wir bereits in Uns tragen und nur darauf wartet von uns gelebt zu werden.

Sei DU der Lichtbringer der Welt, der all den Frieden bringt!!

Bless you all 🩶

Wo geht es hin; wo will es sein „Die Liebe"

Was genau bewegt dich in deinem Leben ... Botschaft!

Ist es die Liebe zu dir ?
Zu einer bestimmten Sache ?
Zu einem bestimmten Menschen?

Wo flammt dein Herz regelrecht auf ...

Welcher Gedanke kommt dir zuerst in den Sinn!

Mal ehrlich ...
Raus aus den Geheimnissen
deiner wahren Intensionen ...

*Für was brennst DU
wirklich!?*

Wo und mit welchen Gedanken
wird es dir ganz warm ums

"HERZ♥"

"Ich liebe Dich"

aus ganzem Herzen und ich
weiß, dass ich nichts außer die
Liebe in das REICH der
SEELEN mitnehmen kann.

Lass es geschehen ... wem oder
was gilt dein Interesse deines

"Herzensbewusstseins"

Alles andere sind angenehme - schöne und auch notwendige Mittel zum äußeren Wohl-Stand aber das Herz wünscht sich immer und immer wieder die

"Pure Liebe" & "Pure Geborgenheit"

nur davon kann sich die Seele auf Dauer nähren und

"Gesund & Glücklich"

sein!!

Sei dir dessen einfach Bewusst und fühle in dein Herz!

Was brauchst du und was und mit wem wünscht Du dir von "Herzen diese Gesundung und die Glückseligkeit".

Raus aus der Ratio & rein in deine Herzensebene gleiten.

Lass den Verstand fließen und begebe dich in deine Herzensenergie, denn das ist dein eigentlicher Motor, der dich antreibt und durch die Nahrung "Liebe" Atmen und fließen lässt.

Alles Alles Liebe für Dich meine geliebte Seele!

Deine dich liebende Claire

Kartendeck - Liebesorakel - Amors Botschaften - www.tonicarminosalerno.de

Wichtige Zahlen sind:

" 00"

Aufforderung:

Sich auf die göttliche Führung bedingungslos einlassen!

Lass geschehen♥

"5"

als Zahl in die "Hoch-Zeit" in Freiheit gehen können.

Transformation - Transmutation - Wechsel - Veränderung - Erneuerung läuten sich ein!

Der Hierophant im Tarot #5 ist der spirituelle Führer, der dich mit dir vereint und die "Vereinigung" somit möglich macht!

Öffne dich deiner
HerzensEnergie♥

Die Vergangenheit ist
Geschichte
Die Zukunft ein Geheimnis
&
Jeder Augenblick ein
Geschenk!!

Nehm Dich wahr und lebe
deinen Impuls♥

Der göttliche Lehrer in UNS - Fünf- der Hohepriester der Alle Ebenen in sich trägt - Kreativität - Willenskraft - Dynamik - Weisheit- Gedanken - Worte - Visionen - Transformation voller Emotionalität und Leidenschaft!

Hohepriester der die Fünf im Herzen trägt und den Ausdruck der Liebe als reinste Form lebt ...

Der, der den anderen sieht und ihm das gibt, was er wirklich braucht, auch wenn es nicht das ist was er will oder sich wünscht!!

Ein echter Meister eben ... er nährt dich mit dem was du brauchst um weiter wachsen zu können ....

Die Fünf; Freiheit in dir zu leben und von all dem zu schöpfen, was du bereits in dir trägst ...

Eben befreit von der Sehnsucht nach ....

Eben sich in sich gefunden und voller Liebe und frei von Angst!

Eben bereit den Schmerz und das Leid umzuwandeln und in die Transformation zu gehen ...

FÜNF eben

Eben auch in diesem Bewusst-
Sein, das die Wandlung ein
ganzes Leben lang andauert und
mit der Seele dann …

weiter in die Freiheit - weiter in der Transformation zu sein ... weiter und weiter

Eben bereit, das Licht in die Dunkelheit zu tragen; zuerst bei sich!!

<u>**Mögliche Affirmation:**</u>

Ich bin bereit meiner inneren Weisheit & Wahrheit zu folgen!

Ich bin frei

Ich bleib mir treu

Ich habe die Kraft "Nein" zu sagen oder zu gehen!

Liebe Seele, es gibt nur eine wirkliche Botschaft, auf die es sich wirklich lohnt zu hören - Die Botschaft meines Herzens 🖤

"Ich liebe dICH

*& *

Ich liebe mICH"

CLAIRE♥

Meine persönlichen

Eins - Null zahlen 🖤

0 - Lebe die Leichtigkeit und fühle dich auch mal wie ein Narr - Schlau - lustig - beschwingt und frei. Gehe deinen Weg - nimm dir ein wenig Proviant mit und genieße - Erlebe mit all deinen Sinnen und werde zu deinem NARR!!

1 - Eins sein mit all der Kraft und Elementen, die einen zur Verfügung stehen - Verbinde dich mit der Erde (Wurzeln) Himmel (Luft) mit der Sonne (Freude - Kraft) und mit dem Wasser - Element (Fluss - fließen lassen - Reinigung).
Go with the flow und werde zu deinem persönlichen Meister-Magier!!

2 - Im Miteinander Eins sein und sich mit dem Gegenüber verbinden, sodass es Früchte tragen kann, also rein in die Spiegelung und Augen auf.
Was siehst Du wirklich und was wird dir nun GlasKlar♥
Richte deine Antenne aus und empfange!!

3 - Wer wachsen will, darf gutes Tun und um dann voller Herzensliebe das Neue (Geburt) in Empfang nehmen zu können.
Wachse und gedeihe und lass der Natur Ihre Zeit, so dass die Ernte ertragreich wird.
Dein Wille geschehe, nicht mein Wille - dein Wille!!

4 - Komme in deine Balance und werde zu deinem Schöpfer (Herrscher) und schwinge dein Zepter (Potential), sodass es zu Aller nutzen und erst dann

erfolgreich werden kann.
Ein wahrer Meister ist auch
immer Schüler zugleich!!

5 - Gehe in deine Freiheit und
fühle dich Frei durch die Lust in
dir.
Nur wer sich mit sich verbinden
kann, kann auch wirklich Frei
sein. Wir sind sexuelle -
spirituelle - Wesen, ganz Klar!!

6 - Ja zu sich und Ja zu Dir und
deiner Herzöffnung! Trau Dich
endlich - Jetzt - Liebe dich und
liebe dein Gegenüber - deine
Sache - dein Tun - dein Sein ...
JA!!

7 - Waage den Sprung und
erfahre durch den freien Fall, wer
du wirklich bist und wo
tatsächlich deine Grenzen sind ...
Glaube und Vertraue dir und

denke an das göttliche Prinzip
von "Ursache & Wirkung".

8 - Kraft und Macht durch die
Anbindung von Liebe an das
göttliche im Universum und auf
all die Seelen, die sich auf der
Erde wieder treffen, um in eine
neue reife von Balance zu gehen!
Wisse um dich und deine Geistes
und vor allem um deine Seelen-
Kraft!

9 - Nur wer InnenSchau hält, wird
auf Dauer sein helles Licht und
somit die Liebe zu sich finden ...
ansonsten wirst du dich immer
wieder selbst beißen durch Tatel -
Missachtung deiner Grenzen -
Beschimpfung deines inneren
Kindes ... Rückzug wird dir
helfen dich im Inneren so zu
finden, dass du im Außen
erstrahlst!

10 - Wir sind im Jahr der Zehn und werden unser Glück immer zuerst in Uns finden, ist uns das dieses Jahr klar geworden, dann werden wir die Liebe unseres Lebens finden - WohlStand durch Berufung und WohlSein in der Familie als höchstes Glück um so mehr zu schätzen wissen!!!

Doppelte Zahlen wirken doppelt wie 11 - 22 - 33 usw.

05:05

08:08

11:11

17:17

19:19

22:22

26/ 8

Ein Tag, der einen heute schon ganz schön Kraft nimmt aber nur, wenn man mit sich nicht im "Klaren" ist ...

UN-GLEICH-GEWICHT!

Denn bist du dir in der Anbindung mit dem Universum aus voller Liebe bewusst, dann bist du in deiner inneren Kraft, die sich in Gleichklang zeigt und sich im Außen durch Gleichmäßigkeit äußert (Sechs)!

Atme tief aus!!

Das heißt, Alles was du heute Anfängst wird sich über die nächste Zeit in Erfolg münden (Acht)!

Ein guter Tag für eine Vor-Bereitung auf einen neuen bewussten Start!

Sinn-Findung mit sich und der Welt (Zwei)!

Was macht wirklich Sinn und der Drache oder Löwe in dir zeigt dir deine Kraft und spirituelle Power durch bewusste Ent-scheidungen zu dir und zu deinem neuen Weg ...

Was macht Sinn...

Bist du dir heute dessen bewusst, wird sich Alles andere automatisch finden, denn deine

Ausrichtung auf dein Ziel stimmt nun voll und ganz!

Herzlichen Glückwunsch!

Dein Erfolgt - dein Ziel und dein Gelingen sind ganz klar in der Ausrichtung und werden sich auf jeden Fall in diesem Jahr durch / Transformation in deinem Leben aufsteigen und sich durch das Manifest ganz klar und deutlich verfestigen!

Feinstoffliche Energie folgt der Materie und wird fest.

FORMUNG!

Fest Zusammen kommen mit sich!

Innen wie Außen Eins SEIN (Zwei)

Du und Ich in ein WIR (Zwei)

Folge der medialen Acht und schwinge dich zum Erfolg ... (Acht)

Alles im Fluss - "Ying & Yang" - Oben wie Unten

"Mediale 8"

Kein Anfang und kein Ende - einfach Sein in Liebe mit sich selbst sein!

KREIS-LAUF!

Love & Light & Joy
Clarissa M. Seite

Finde den medialen Zugang zu Dir und dem göttlichen durch die liebende ACHT!

Nur im Miteinander (Zwei) - Im Einklang (Eins) von:

Oben und Unten

Erde und Himmel

Vater und Mutter

Mann und Frau

Männliche und Weibliche Prinzip

kann ein liebevoller (6) Zugang in der Balance (schwingende liebende 8) erreicht werden.

Die Liebe zu Dir verspricht dir
die Heilung deines Körpers auf
Allen Ebenen ...

Alle Chakren können nun im
Miteinander (Zwei -
Hohepriesterin) liebevoll
schwingen (Sechs-Liebenden)
und sich kraftvoll Ausgleichen
(Acht - Lust)!

Dadurch erschaffst DU (Eins -
Magier) Ausgleich und Balance
in Dir und deiner Energie -
Ausstrahlung auf einer sehr hohen
Schwingungsebene ...

Oben wie Untern

Der Kontakt zum höheren Selbst
stellt sich nun mit Leichtigkeit ein
und ein Sinnen (Sinne - sehr
sensible - klare Intuition) findet in
der Anbindung zum göttlichen
Universum statt!!

ERLEUCHTUNG

Glaube wird zur Quelle von
unsagbarem Wert in seiner
Schöpfung erkannt & voller
Vertrauen geliebt 🩶

SEIN

Lebe die Kraft und Lust (Acht) in
dir und wie gesagt, sei dein
Schöpfer in der klaren Anbindung
an die unerschöpfliche Quelle des
göttlichem Universum

Schöpfer / Schöpfung

Nutze diesen Funken in dir und
lass ihn durch deine Zellen im
Körper vor Freude sprühen!

HEILUNG

Alles ist im Fluss♥

Deine DNA-Spirale wird vor
lauter Farben erstrahlen und sich
hochschreiben, so dass du ganz
klar spürst wer du bist

Ein Kind Gottes♥

Bless you all
Claire

Die Göttin in dir … wie ein Eremit   Dich - Dich und Dich finden♥

27 / 9

Gleich drei hohe spirituelle Zahlen und auch im Tarot und in den alten Schriften (Sanskrit - Kabbala - Bibel) immer wieder bedeutende Beachtung finden!

Zwei - Aus einem Ich wird ein Wir

Sieben - Durch die geistige Anbindung nach oben und unten wirken können

Neun - Seine gefundene Spiritualität nun in göttlicher Anbindung leben können

Wenn die Neun sich zeigt, geht es immer um die Erdung durch das innere Licht ...

Hast du es bereits in dir gefunden ... ???

Leuchte dich aus; deine Schatten-Anteile und deine vermissten Seelen-Anteile

Wo halten sie sich noch versteckt und wer & was haben dir diese Seelen-Anteile genommen!?

Diese Karte zeigt eine Göttin, die du schon immer warst in Anbindung an das Göttliche, denn du bist die Trägerin des göttlichen Funken; das Licht in dir!!

Im Tarot ist es der "Eremit" der weise Mann mit Bart und Stab; der Schlangenstab (Heilung durch Erkenntnis), daran hängt das

Licht der inneren Erleuchtung
und der beißende Höllen-Hund
Zerberus mit zwei seiner drei
Köpfe die bereits nach vorne
schauen .. hier und jetzt und der
neue Weg wird bereits
wahrgenommen. Ein Kopf des
Höllen-Hundes Zerberus schaut
noch einmal zurück und besinnt
sich auf das Vergangene erlebte
und alte abgeschlagene
Verbrauchte und die Schatten, die
bereits ausgeleuchtet wurden!
Seelen-Anteile wurden
zurückgeholt!!

Die Göttin zeigt dir auf dieser
Karte auf, dass all deine Wurzeln
- Ur-Wurzeln stärker und stärker
verwurzeln, da Du dir die Mühe
gemacht hast durch Mut zur
"Innen-Schau" und die
Bereitschaft Dich selbst zu
erkennen!

Wunderbar!!

Dein Licht wird immer heller und deine wahre Gestalt einer Göttin in dir kommt immer mehr zum tragen; Alles bereits in dir getragene kommt zu Dir ins Bewusst-Sein zurück und wird durch neue Balance getragen!

Ausgleich zwischen den inneren und äußerem Wissen!

Du, ein Kind Gottes!!

Bleib dir treu - bleib bei dir und betreibe regelmäßige pflegende "Innen-Schau" am inneren Kind und dein Licht wird immer "heller und heller" wie die Sonne (Kraft - Lebenskraft), der Mond (Gefühlswelten - Wissen - leben) und die tausend Sterne (Anbindung an die universelle Kraft - das Göttliche), die die

Göttin nun in sich selbst erkennen
und leben kann!!!

Die Sterne waren schon von Anbeginn da♥

Einen wundervollen geistigen Tag
der reichen Erkenntnis mit sich
selbst und seinem Sein!

Ausdehnung geschieht♥

Love & Light & Joy

Deine dich liebende Claire

Kartendeck: Lisa Biritz - Seelen-
Medizin - Schirnerverlag!
Bilder: Francene Hart

Die Zehn als Glückszahl nutzen

Eine wunderbare Zahl, denn sie erhält so viel Kraft - Glück und Wohlsein in Leichtigkeit in sich!

Mit den Elementen wohl umgehen.

Zwei- als zum Wohle Aller Acht- mit Gedankenkraft und Glaube viel Bewegen können
Zehn- Das Glücksrad oder Fortuna - Rad im Tarot und auch für das Jahr 2017 / 10 das Jahr der Kraft - Erfolg - Reich - Glück ...

Wir werden in Allem Erfolgreich sein im Jahr des Gockels (HahnJahr im Chinesischen

Zeichen) und der Zahl Zehn als Fortuna die das Füllhorn über uns ausschüttet.

Die Fortuna ist an deiner Seite ♥

Auch Erfahrungen können viel Einsicht - Glück und Wachstum bedeuten, denn es gibt nichts besseres als in sich als Wesen zu wachsen und sich über sein Potential bewusst zu werden.

Heute in der 28 / 10 können wir so viel mit einer besonderen Mischung aus Kraft und Glück mit "Leichtigkeit" erreichen!

Natürlich ist es wichtig auch sein **"GedankenGut"** gut auszurichten.
Damit ich auch in eine positive Resonanz mit mir - meinem

Umfeld und den Geschehnissen gehen kann.

Das macht ja auch bekanntlich den Optimisten aus und er lebt förmlich aus dem Gedanken heraus aus sich heraus einen sonnigen Tag zu leben und zu erleben, egal ob die Sonne scheint oder nicht ... in seinem Herzen tut sie das!!

Die Zehn als besondere Zahl, denn sie trägt den Magier als Eins und den Narren als Null in sich und gepaart sind sie Meister Ihrer Art ...

Im **„BewusstSein"** die Dinge in Ihren Elementen wie Erde (Münze) - Wasser (Kelch) Sonne (Stab) und Wind (Schwert) miteinander immer wieder wie ein Jongleur zu vereinen und im

wahrsten Sinne Eins werden zu
lassen.

Abwechslung der Elemente und
Abwechslung durch den Narren,
der sich gerne auch gerade heute
bei diesem schönen Wetter auf
die Wanderschaft begibt und
locker - flockig und leicht seines
Weges mit leichtem Gepäck
voran schreitet.

Was gutes zu Essen und zu
trinken, hält bekanntlich

"Leib & Seele"

zusammen.

Er pfeift ein Lied, um nicht zu
sagen er pfeift uns was!! und geht
einfach seines WEGES!

Sein Weg ist unbeschwert, da er
als schlauer Meister weiß, dass

das Leben sehr sehr kostbar ist
und nichts auf der Welt seine
Laune verderben kann, denn er
lässt es einfach mal nicht zu, so
schlau und geschickt ist er doch
und deshalb auch Magiers bester
Freund!

In diesem Sinnen einen
wundervollen - fröhlichen -
liebevollen Tag und möge die
Sonne in euren Herzen auf ewig
scheinen.

Einfach mal öfters den
"NARREN" zu euch einladen.

Mal einen Streich aushecken und
Spaß haben ...

Aus voller Seele lachen, was die
Kiste herhält ☺

Mit der besten Freundin / Freund
Pferde stehlen und euch die Seele

aus dem Leib lachen, bis ihr
Bauchschmerzen habt ...

Das wünsch ich euch mit Love &
Light eure Claire

Mögliche Affirmation:

*Ich bin mit Allem Eins; ich bin
Stein-Reich!*

*Ich schöpfe aus meinem
unendlichem Wissen und
meinem innewohnenden
Potential!*

Bilder: pixabay - kostenlose
gewerbliche Nutzung

Nutze dein inneres Wissen und
schöpfe aus deinem unendlichen
Potenzial in DIR!

Herstellung und Verlag:
BoD - Books on Demand, Norderstedt
ISBN 978-3-7448-1090-6